# BIBLIOTHÈQUE MORALE

## DE

# LA JEUNESSE

PUBLIÉE

## AVEC APPROBATION

C.

VUE DE JÉRUSALEM.

*(La Palestine.)*

# LA

# PALESTINE

OU

# UNE VISITE AUX LIEUX SAINTS

PAR M^lle C. FILLEUL-PÉTIGNY

## ROUEN

MÉGARD ET C^e, LIBRAIRES-ÉDITEURS

1866

Les Ouvrages composant la **Bibliothèque morale de la Jeunesse** ont été revus et **ADMIS** par un Comité d'Ecclésiastiques nommé par SON ÉMINENCE MONSEIGNEUR LE CARDINAL-ARCHEVÊQUE DE ROUEN.

—

L'Ouvrage ayant pour titre : **La Palestine**, a été lu et admis.

Le Président du Comité,

*Picard*

*Archip. de la Métrop.*

# Avis des Éditeurs.

---

Les Éditeurs de la **Bibliothèque morale de la Jeunesse** ont pris tout à fait au sérieux le titre qu'ils ont choisi pour le donner à cette collection de bons livres. Ils regardent comme une obligation rigoureuse de ne rien négliger pour le justifier dans toute sa signification et toute son étendue.

Aucun livre ne sortira de leurs presses, pour entrer dans cette collection, qu'il n'ait été au préalable lu et examiné attentivement, non-seulement par les Éditeurs, mais encore par les personnes les plus compétentes et les plus éclairées. Pour cet examen, ils auront recours particulièrement à des Ecclésiastiques. C'est à eux, avant tout, qu'est confié le salut de l'Enfance, et, plus que qui que ce soit, ils sont capables de découvrir ce qui, le moins du monde, pourrait offrir quelque danger dans les publications destinées spécialement à la Jeunesse chrétienne.

Aussi tous les Ouvrages composant la **Bibliothèque morale de la Jeunesse** sont-ils revus et approuvés par un Comité d'Ecclésiastiques nommé à cet effet par Son Éminence Monseigneur le Cardinal-Archevêque de Rouen. C'est assez dire que les écoles et les familles chrétiennes trouveront dans notre collection toutes les garanties désirables, et que nous ferons tout pour justifier et accroître la confiance dont elle est déjà l'objet.

---

# INTRODUCTION.

——————

M. de Brucion, ancien général de l'Empire,
vivait retiré au sein de sa famille, dans le fond
du Poitou. Rien ne lui manquait, honneurs,
richesses. Il n'avait pour toute société que sa
femme, ange de douceur, modèle de toutes les
vertus chrétiennes, et deux enfants. L'éducation
de ces derniers était l'unique occupation du vieux
guerrier, qui ne rougissait point de remplir ses
devoirs religieux et d'expliquer à sa jeune famille
les vérités simples et sublimes du christianisme,
qui nous console dans les disgrâces et nous fortifie à l'heure de la mort.

M^me de Brucion, pénétrée des mêmes sentiments, ne manquait jamais d'assister à ces pieuses instructions et d'y mêler de temps en temps des paroles de vie qui décelaient sa foi ardente et toute sa tendresse maternelle.

Victor, le plus jeune de ces aimables enfants, doué d'un caractère aimant, n'avait point d'autre volonté que celle de ses vertueux parents, dont il n'aurait jamais voulu s'éloigner. Amédée, l'aîné, plus impressionnable, plus vif, d'un jugement plus pénétrant, d'un coup d'œil plus juste, aimait les voyages par amour des arts et des sciences, qu'il cultivait avec un succès étonnant. Il se destinait à la marine, et par ses services il voulait se rendre digne de sa patrie et du nom glorieux qu'il portait. Sachant qu'il faut de grandes connaissances pour obtenir un grade distingué, Amédée ne cessait d'étudier; quant au courage, si nécessaire aux marins, il ne lui manquait pas. C'était le portrait de son père.

Depuis longtemps M. de Brucion désirait voyager en Orient; mais les larmes de son épouse étaient un obstacle qu'il n'eut pas la force de surmonter. En effet, cette tendre mère disait avec raison : « Me séparer de tout ce que j'aime, car ma santé ne peut me permettre d'entreprendre un tel voyage, n'est-ce pas hâter l'heure de ma mort? Mon cœur s'élance aussi vers ces contrées lointaines qui furent habitées par le Fils de Dieu; mais ne puis-je, sans quitter ma patrie, visiter, à chaque heure du jour, la montagne des Oliviers, le Calvaire et le saint sépulcre? J'ouvre l'Évangile et j'assiste aux scènes qui signalèrent sa carrière miraculeuse.

« Tous ses actes de charité se déroulent sous mes yeux; j'entends les paroles qui sortirent de sa bouche divine; je suis témoin de ses longues souffrances, de sa cruelle agonie, de sa glorieuse résurrection.

« Si nous suivions sa doctrine et ses exemples, si le flambeau de la foi nous éclairait, notre cœur alors deviendrait une terre de promission.

« C'est ainsi que nous pouvons nous transporter en esprit près du tombeau de notre Sauveur et trouver partout de précieux motifs de sanctification. »

Hélas! l'heureuse famille fut bientôt plongée dans le deuil : M^me de Brucion mourut ou plutôt s'éteignit doucement, sans murmure, sans crainte aucune, avec l'heureuse certitude que le Dieu des miséricordes veillerait sans cesse sur les brebis de son troupeau.

Oh! comment retracer les larmes, les regrets de ceux qui n'eurent plus d'autre consolation que de prier sur son tombeau?

Plusieurs années s'écoulèrent, et la douleur de M. de Brucion et de ses fils, devenus jeunes hommes, n'en était pas moins profonde.

Enfin, le vieux général dit un jour à ses enfants :

« Pour faire diversion à nos regrets éternels, voulez-vous réaliser le projet que j'avais formé, un voyage en Palestine?

« Tant de fois vous m'avez témoigné le désir de visiter une contrée pleine de souvenirs si dignes d'admiration, une contrée qui fut le berceau de notre sainte religion, que j'ai résolu, malgré mon grand âge et mes blessures, de me rendre au saint sépulcre, afin d'y puiser la résignation qui m'abandonne aux portes du tombeau. »

Amédée et Victor, pour toute réponse, se jetèrent dans les bras tremblants de leur tendre père.

Celui-ci reprit :

« Je vois que ma proposition vous sourit ; en ce cas, faites vos préparatifs, nous partirons dans huit jours. Après avoir visité la Palestine, nous reviendrons par l'Égypte et longerons les côtes de la Barbarie ; puis nous mouillerons sur la rade d'Alger, dont la conquête, en couvrant notre pays d'une gloire nouvelle, a brisé les chaînes d'un honteux esclavage et fait briller le flambeau de la foi sur cette terre jadis féconde en héros chrétiens.

« Préparez vos livres et vos cartes. Quant à toi, mon cher Amédée, je t'impose une condition : c'est de prendre des notes pour être en mesure, si Dieu le permet, de rédiger un journal de notre voyage, aussitôt après notre retour. »

Huit jours plus tard, M. de Brucion et ses

enfants arrivaient à Marseille, où ils ne tardèrent pas à s'embarquer pour l'Orient.

Le livre que nous publions aujourd'hui est un extrait exact de cet intéressant voyage; nous avons été assez heureux pour nous procurer l'original, où perce la franchise du jeune auteur.

Inutile de dire que M. le général de Brucion autorise cette œuvre désintéressée et qui n'est point une spéculation.

Amédée, depuis quelque temps, fait partie de la marine française; nul doute qu'il n'approuve notre conduite; car ses récits, empreints des sentiments les plus généreux, ne peuvent manquer d'intéresser toute la jeunesse.

———

# LA PALESTINE.

## I.

Nous quittâmes Marseille et notre belle France le 10 mars 1840. Le vaisseau marchand qui nous portait passait pour un fin voilier; aussi, favorisé par le vent, nous conduisit-il promptement à Livourne, où nous nous reposâmes pendant quelques jours.

Je ne sais pourquoi, mais je n'aime pas cette ville à l'aspect sinistre. On y rencontre ou des hommes affairés, c'est-à-dire une foule de marchands, ou des Italiens promenant çà et là leur curieuse oisiveté. A en juger par leurs visage sombres, ces derniers sont redoutables, surtout la nuit ; malheureusement les rues de la ville favorisent beaucoup le vol et même l'assassinat.

J'ai visité, toutefois, avec un véritable plaisir, le port ; il est de la plus grande beauté, et l'un des plus considérables de la Méditerranée. On ne peut s'empêcher, en parcourant Livourne, d'y reconnaître l'empreinte des grands desseins de celui qui l'a fondée : ses canaux, ses magasins, son port, qu'on peut appeler universel, attestent que cette ville a été bâtie pour le commerce, et que rien n'a été négligé pour en faciliter les importants débouchés.

Un vent excellent nous accueillit à notre sortie de la rade de Livourne, d'où nous naviguâmes heureusement jusqu'à Naples. Seulement, j'ai regretté de n'avoir pu m'arrêter qu'une heure à l'île d'Elbe, sur les côtes de Toscane, et devenue si célèbre par le séjour qu'y fit Napoléon, après sa première abdication.

On a fait tant de descriptions de Naples, du Vésuve, de la Solfatare, de la grotte du Chien, des bains de Néron, de la grotte du Mont-Pausilippe, des bains de Lucullus, du palais de Portici, des ruines d'Herculanum et de Pompéia, que je crois inutile de raconter ce que le lecteur n'ignore pas ; cependant je ne puis passer sous silence la promenade suivante.

Un matin, notre bon père nous réveilla, Victor et moi, en nous disant d'une voix joyeuse : « Mes enfants, je suis d'avis que nous allions offrir nos hommages au tombeau de Virgile. »

A ce nom magique, nous voilà debout, et soudain nous partîmes avec d'excellentes provisions. Que nous éprouvâmes de délicieuses émotions pendant ce court trajet !

Victor citait avec emphase les vers du prince des poëtes
latins ; car tout, dans cette contrée ravissante, lui rappelait
la vie simple de Virgile.

Le tombeau du Cygne de Mantoue est placé au-dessus
de l'ouverture d'une grotte. On y monte par un chemin
pavé, assez long, d'où l'on découvre la mer et des sites
que ni la peinture ni la poésie ne peuvent reproduire ou
décrire exactement.

On arrive enfin à la porte d'un délicieux jardin, et, par
une descente très-raide, au religieux monument que la
tradition fait passer pour le tombeau du vertueux, du
chaste ami d'Horace.

Les ruines de ce précieux monument ont réellement la
forme des tombeaux anciens, et l'on ne peut douter que
cette simple construction ne soit en harmonie avec l'architecture romaine.

On nous dit encore que la maison de Virgile était située
tout auprès. Je crois que le chantre de l'*Enéide* a pu
choisir de préférence, pour son habitation, pendant son
séjour à Naples, cette belle campagne dont les riantes
images ont passé dans ses vers harmonieux.

Pénétré de respect et d'admiration pour le rival du
divin Homère, nous avons jeté des fleurs sur son mausolée
en faisant redire aux échos d'alentour plusieurs vers des
*Bucoliques* et des *Géorgiques*.

Ensuite nous songeâmes à nos provisions, qui furent
promptement épuisées. L'exercice et la satisfaction de
l'âme ne manquent jamais d'aiguiser l'appétit.

Oh ! que volontiers je serais revenu passer plusieurs
jours dans cette retraite sacrée ! Que les heures y coulent

rapidement ! qu'on y goûte de délices ! que la nature y déploie d'admirables richesses ! que le chant des oiseaux y est mélodieux ! A chaque instant je croyais entendre les sons d'une lyre immortelle. Le lever et le coucher de l'astre du jour y sont accompagnés de merveilles inconnues. On y oublie Pompéia, Herculanum, la mort de Pline l'Ancien, les laves toujours brûlantes du Vésuve, les sourds mugissements de la mer, le ciel enflammé de Naples, les vices, les misères du monde entier.

Mais, hélas ! bientôt il fallut partir. Ce qui me consola un peu, ce fut l'espoir de visiter plus tard, et à loisir, toute l'Italie, cette terre si féconde en grands souvenirs.

Le vingt-quatrième jour de mars, nous quittâmes l'amarrage, et Naples, comme une vision féerique, disparut lentement à nos yeux avec son atmosphère diaphane.

Nous fîmes rapidement le trajet de Salerne ; mais les vents contraires ralentirent ensuite notre marche et nous forcèrent de raser pendant plusieurs jours les côtes de la Calabre, qui passait autrefois pour une des colonies grecques la plus peuplée, la plus civilisée et la mieux cultivée. Les Visigoths et les Sarrasins enlevèrent cette contrée aux Romains ; les Normands chassèrent les premiers à leur tour et fondèrent, en 1130, le royaume de Naples.

Le 6 avril, après avoir couru une montagne nommée Stromboli, qui vomit souvent des flammes, nous abordâmes en Sicile, et, la nuit suivante, nous mouillâmes dans le port de Messine. Nous venions de traverser le détroit du Phare, célèbre par un grand nombre de naufrages. Carybde et Scylla, ces deux écueils si dangereux,

. sont connus de tous ceux qui ont lu les *Métamorphoses*
d'Ovide ; mais ces deux monstres marins, dépouillés
des ornements de la Fable, ne sont plus que deux gouffres
profonds. Scylla, dont le bruit des eaux a quelque chose
de l'aboiement des chiens, est situé entre Reggio et
Messine. Carybde mugit à l'opposite. De là le proverbe ancien, quand on parlait d'une personne qui avait évité un
malheur pour devenir victime d'un nouveau : *Elle est
tombée de Carybde en Scylla.*

La rencontre violente de la Méditerranée et de l'Adria-
tique, l'impétuosité du flux et du reflux des ondes em-
pêchent, même par un temps propice, les plus hardis
nautonniers de vaincre la rapidité du courant.

La crainte d'une tempête nous retint deux jours à
Messine, dont on a fait tant de pompeuses descriptions
qui ne serviront qu'à conserver le souvenir de cette ville
déchue de toute son ancienne splendeur. Après avoir
remis à la voile, nous allâmes toucher au pied du mont
Etna, dont les flammes, qui s'élancent jusqu'aux cieux,
ont donné aux poëtes de l'antiquité l'idée de transformer
ce cratère épouvantable en une des ouvertures de l'empire des morts. Son sommet est à la fois couvert de neige
et de fumée.

Ce volcan brûle depuis environ trois mille ans. Pindare,
qui vivait en l'an 440 avant Jésus-Christ, en fait mention.
Thucydide nous a conservé des détails sur l'éruption qui
eut lieu l'an 476 avant l'ère vulgaire. Il est vrai
qu'Homère ne nomme pas même la montagne, quoique,
dans l'*Odyssée*, il fasse aborder Ulysse en Sicile. Mais on
doit conclure de ce silence que, longtemps avant

l'époque du chantre de l'*Iliade*, le volcan, dont la première éruption date du siècle de Pythagore, avait cessé de
vomir du feu.

C'est sur cette montagne fameuse que les poëtes ont
établi les forges de Vulcain et les ateliers des Cyclopes.

Lors de la guerre des géants contre Jupiter, Minerve
vainquit Encelade, le plus terrible des ennemis, et l'en-
sevelit sous le mont Etna. C'est depuis cette époque, selon
la mythologie, que ce gouffre terrible lance des torrents
de flammes ; ce qui arrive chaque fois que le géant fait
des efforts pour se débarrasser du poids énorme qui
retombe sur lui et l'accable.

Le lendemain nous saluâmes Syracuse, patrie d'Ar-
chimède et de Théocrite. Cette ancienne capitale de la
Sicile rappelle Denys le Tyran. Elle fut fondée par une
colonie de Corinthiens ( en 736 avant Jésus-Christ ), sous
la conduite d'Archias. En 1693, un tremblement de terre
détruisit la plupart de ses monuments anciens et modernes. L'ancien temple de Minerve en est la cathédrale,
et la plus ancienne église de la chrétienté est celle de
Saint-Jean, située *extrà muros*. Nous voguâmes ensuite
vers l'île de Malte, célèbre dans l'histoire par un ordre
institué à la fin du XIIe siècle. Cet ordre, d'abord hospita-
lier, devint ensuite militaire, et plus tard souverain.

Il ne dut son origine qu'à la charité ; le pieux désir de
défendre les lieux saints l'arma enfin contre les infidèles.
Les chevaliers de Malte, dans le tumulte des armes, au
milieu d'une guerre continuelle, surent allier les vertus
paisibles de la religion à un courage héroïque.

L'île de Malte, située au Sud de la Sicile, appartint, dit-on, à des princes africains, avant d'être occupée par les Carthaginois ; de ces peuples elle passa aux Romains, qui en furent chassés par les Goths ; ceux-ci le furent par les Sarrasins, au IXᵉ siècle. Les Normands l'enlevèrent à ces derniers, en 1190, et elle resta annexée à la Sicile jusqu'en 1530. A cette époque, Charles-Quint la céda aux chevaliers de Saint-Jean de Jérusalem. L'expédition française destinée pour l'Egypte s'empara de Malte en 1798. Les Anglais s'en rendirent maîtres le 5 septembre 1800.

Cluvier, célèbre géographe de Dantzick, prétend que Malte fut l'ancienne Ogygie, séjour de Calypso. Cependant Homère fait une description si riante d'Ogygie, qu'il est impossible de la reconnaître dans cette île, qui n'était jadis qu'un rocher stérile. Les Carthaginois parvinrent à le rendre productif ; toutefois, les habitants sont encore obligés de tirer du blé de la Sicile.

On ne rencontre point de bêtes venimeuses à Malte. Les habitants croient que c'est à cause du séjour qu'y fit saint Paul.

On appelle *Cité-Victorieuse* un bourg qui est la plus ancienne partie de la capitale, bâtie par Lavalette, en 1566. Vingt-trois mille Turcs y furent exterminés par le fondateur de Malte, à la tête seulement de sept cent vingt chevaliers.

Nous nous arrêtâmes à peine dans cette île, ainsi qu'à Rhodes. J'aurais surtout désiré visiter cette dernière île, qui rappelle tant de glorieux exploits ; mais le capitaine de notre vaisseau, ayant des ordres contraires, ne put se rendre à mes vives instances. La curiosité qui n'est point satisfaite augmente avec les obstacles. Aussi ne fus-je plus maître de ma joie en débarquant à Chypre.

On sait que les frères hospitaliers, chassés de la terre sainte par le soudan d'Egypte, Malek-Seraph, en 1291, cherchèrent d'abord un refuge à Chypre. Le roi de cette île, Henri II, les accueillit avec empressement et leur donna pour retraite la ville de Limasol ; mais Guillaume de Villaret, leur grand maître, trouvant cette position trop précaire et surtout trop dépendante, voulant d'ailleurs relever l'ordre sur les débris de son immense fortune et rétablir sa domination dans tout l'Orient, choisit, après quelque hésitation, l'île de Rhodes pour siége de son illustre communauté. Cette île était alors occupée par des Grecs, et les corsaires de toutes les nations y jouissaient d'une franchise illimitée.

Les Hospitaliers mirent, dit Raymond du Puy, un de leurs maîtres, *la main à l'épée pour assaillir, terrasser et fouler aux pieds les mahométans et tous ceux qui se forlignent du droit chemin de la foi.*

Foulques de Villaret, successeur de Guillaume, embrassa chaudement le projet de son frère, et, prenant pour prétexte la nécessité d'anéantir les corsaires turcs qui infestaient la Méditerranée et causaient de grands ravages, il demanda sans retard à l'empereur d'Orient, Andronic Paléologue, la permission de s'emparer de l'île, bien qu'elle ne relevât pas de ce souverain.

En même temps il fit de grandes instances auprès du pape pour en obtenir de prompts secours, lui démontrant que l'occupation de Rhodes non-seulement assurerait à la chrétienté la domination des mers du Levant, mais qu'elle ouvrirait encore le chemin de la Palestine aux pieux pèlerins, qui, dans ce temps-là, s'y rendaient en foule.

Clément V, ayant approuvé ce projet, accorda des secours de toute espèce au hardi solliciteur.

Après un assez long espace de temps, après de nombreux efforts, les Hospitaliers s'emparèrent de la ville de Rhodes, en l'année 1309, le jour de l'Assomption.

L'étendard du Christ y fut immédiatement arboré.

Foulques de Villaret prit le nom de grand maître, et les religieux, plus que jamais décidés à se livrer au métier des armes, se proclamèrent chevaliers de Rhodes.

Toujours préoccupés des plus vastes projets, mais resserrés dans un trop petit espace, ils sentirent promptement la nécessité d'avoir une marine imposante et de s'attacher spécialement à la navigation. Pour atteindre ce but, ils créèrent de nombreux chantiers, d'où sortit bientôt une flotte qui sillonna victorieusement l'Archipel et porta la terreur jusque sur les côtes de la Turquie d'Asie. Rhodes, agrandie par ses conquêtes, enrichie par ses prises, était devenue tout à coup une puissance maritime; l'Orient l'avait à peine vue surgir, que déjà elle arrêtait les envahissements des Turcs et formait contre ces barbares, qu'elle ne pouvait refouler au gré de ses désirs, une croisade nouvelle et permanente.

A partir de cette époque, l'histoire des chevaliers de Rhodes n'est plus qu'une longue série de combats, de descentes à main armée, où figure la prise de plusieurs villes.

Avertis par cette guerre incessante, acharnée, impitoyable, les Turcs à leur tour étendirent leurs armements. Alors apparurent ces fameux corsaires, la terreur de la

Méditerranée, et qui exploitèrent, avec non moins d'audace que de succès, le bassin oriental.

En 1520, Soliman monta sur le trône impérial et voua aux chevaliers de Rhodes une haine implacable. Aussi n'eut-il point d'autre pensée, d'autre désir, d'autre volonté que de les chasser des mers de son empire et d'en délivrer les habitants de Mételin, de Négrepont, de la Morée, de la Caramanie, de l'Egypte et de la Syrie, qui ne pouvaient se mettre à l'abri des attaques multipliées des chevaliers chrétiens.

Soliman d'ailleurs savait qu'il n'y avait pas de tranquillité possible pour ses sujets, et que le littoral de ses Etats serait sans cesse ravagé, tant que ces guerriers occuperaient Rhodes.

La guerre fut donc résolue. Voici, d'après Baudouin, les paroles que cet empereur prononça, lorsqu'il mit le siége devant l'île de Rhodes :

« Soldats,

« Il y a deux cents ans qu'une poignée de chevaliers affamés, chassés de leurs maisons, pour décharger leur famille, se sont ici perchés au milieu de cet empire, et ne s'y entretiennent que des rapines qu'ils exercent sur mes sujets, et font gloire de leurs extorsions, de faire paraître qu'ils ont eu jusqu'ici les moyens et le courage de s'y maintenir, malgré les forces et la puissance de mes glorieux prédécesseurs et les miennes, et tiennent mes fidèles musulmans et tous mes sujets pour ennemis irréconciliables, et les ont en grand mépris.

« Je ne sais par quel malheur et quelle nonchalance

fatale mes ancêtres les ont si longuement supportés sans les châtier, sinon qu'ils ont été continuellement occupés à débattre et à conquérir de grands royaumes et empires.

« Il n'y a que la ville de Rhodes, située au cœur de mes Etats, aux portes de mes meilleures provinces, qui fait tête à ma grandeur et interrompt les progrès de mes victoires.

« Ils interceptent mes messages, ils volent mes tributs, ils détroussent nos marchands, ils intimident mes galères, ils reçoivent les corsaires chrétiens, les malheureux, les reniés, les fugitifs et les rebelles de notre foi et de ma justice ; ils sollicitent et irritent sans cesse les princes de l'Occident contre moi ; ils marchandent et traitent de pair avec moi. Ne sont-ce pas des choses insupportables ? n'est-ce pas une honte et un opprobre à nous d'en différer davantage le châtiment et la vengeance ? Pour ce faire, j'ai envoyé autant de vaisseaux, de canons, de soldats et de bons capitaines, que s'il était question de conquérir un grand royaume. »

L'attaque et la défense de Rhodes furent terribles, de part et d'autre on fit des prodiges de valeur ; les chevaliers surtout se rendirent à jamais célèbres par leur résistance et par leur courage désespéré. Mais leurs enuemis, fiers de la prise de Belgrade (1521), virent enfin leurs longs efforts couronnés d'un succès non moins glorieux. Soliman, ivre de joie et d'orgueil, prenait possession de l'île au mois de décembre 1522.

Tel fut le terme de la domination et de la puissance des chevaliers de Saint-Jean de Jérusalem. Ils avaient possédé Rhodes près de deux cent douze ans.

Rhodes fut célèbre autrefois par le colosse d'Apollon. Cette statue, haute de soixante-dix coudées, était placée à l'entrée du port. Ses pieds étaient posés sur deux rochers, de sorte qu'un navire pouvait aisément passer entre ses jambes. Son érection avait coûté 3,000 talents[1], ce qui fait environ 900,000 fr.

On prétend que ses doigts étaient plus gros qu'une statue ordinaire. Ce colosse était en bronze ; il fut construit dans l'espace de douze ans, par Charès, de Linde. Un tremblement de terre le renversa cinquante-cinq ans après. On raconte que ses membres épars ressemblaient à des cavernes. Il demeura neuf cents ans dans cet état. Movias, sixième calife des Sarrasins, s'étant emparé de Rhodes, en l'an 655 de Jésus-Christ, fit mettre ce colosse en pièces, et l'on en chargea neuf cents chameaux.

Les Turcs n'ont rien changé aux fortifications ; seulement ils ont transformé les églises en mosquées. Le palais du grand maître subsiste encore. On y voit un ouvrage de sculpture représentant la tête du dragon qui tua le chevalier Gozon. On admire les portes sculptées de l'ancien hôpital : exposées au vent de la mer et aux ardeurs du soleil, depuis plus de quatre cents ans, ces tablettes de cèdre semblent sortir des mains de l'ouvrier.

On ne conçoit pas comment l'ordre de Malte n'a jamais essayé de rentrer dans ses anciens domaines.... Les chevaliers auraient pu facilement reconquérir l'île de Rhodes et relever les fortifications, qui sont encore assez bonnes. Ils n'auraient point été chassés de nouveau ; car les Turcs, qui les premiers ouvrirent la tranchée devant une place, sont maintenant le dernier des peuples dans l'art des siéges.

Selon Homère, l'île de Rhodes *était chérie de Jupiter, le maître des dieux et des hommes, qui versa sur elle des richesses immenses.*

Alexandre le Grand, qui regardait Rhodes comme la première ville de l'univers, la choisit pour y déposer son testament.

Pindare appelait cette île la fille de Vénus. Jadis elle portait le nom d'île aux Serpents, et fut la patrie de Cléobule, l'un des sept sages de la Grèce, et d'Aristophane, poëte comique.

Saint Paul la visita.

L'île de Chypre a été célébrée par les poëtes de l'antiquité. Les empereurs grecs, depuis Théodose le Grand, la possédèrent jusqu'au moment où, le peuple s'étant révolté, un certain Isaac Comnène s'en rendit maître. Quelques années après, Richard Ier, roi d'Angleterre, allant en terre sainte pour combattre les Sarrasins, fut jeté par la tempête sur les côtes de cette île. Maltraité par Comnène, il le dépouilla de ses Etats et les donna à Guy de Lusignan. Cette maison se maintint sur le trône jusqu'en 1473. A cette époque, l'île de Chypre passa au pouvoir des Vénitiens. En 1571, les Turcs s'en rendirent maîtres sous Sélim II.

Les principales villes de l'île de Chypre sont Nicosie, Porto-Constanza, où naquirent Euripide et Sozomène, et dont saint Epiphane fut évêque ; Famagouste, port et place forte, sous les murs de laquelle Mustapha, général des Turcs, perdit quatre-vingt mille hommes.

Les Chypriotes sont indolents et ne cultivent que le terrain nécessaire à leur famille. Le meurtre leur est permis, pourvu que le coupable puisse payer un tribut annuel au chef de l'Etat. A ce sujet, on raconte l'anecdote suivante :

Des étrangers traversaient une des rues de Nicosie, quand ils virent une grande foule réunie devant une boutique. Ils s'approchèrent de cette multitude et demandèrent la cause d'une telle agitation. On leur apprit qu'on venait d'arrêter un homme qui en avait assassiné un autre, et que le chef refusait de l'absoudre, parce qu'il n'était pas inscrit sur la liste de ceux qui pouvaient tuer impunément. Le chef offrait au meurtrier la remise de son crime, à condition qu'il s'obligerait à payer dans la huitaine le tribut ordinaire ; mais celui-ci s'obstinait à ne vouloir payer que pour le crime qu'il venait de commettre : il prétendait que, s'étant débarrassé du seul ennemi qu'il avait, il ne tuerait plus personne de toute l'année ; qu'en conséquence il serait injuste de lui faire payer autant pour un meurtre que pour plusieurs. Le chef tint bon. Une querelle s'éleva entre lui et le meurtrier ; elle devint extrêmement vive. Ce dernier, outré de l'obstination du chef, lui remit la somme qu'il exigeait ; mais, sortant aussitôt de sa ceinture son poignard encore tout sanglant, il le lui plongea dans le cœur, en prononçant ces mots : « Tiens, puisque j'ai acquis le droit de tuer, tu seras ma seconde victime. » Le commandant turc tomba mort aux pieds de la foule, et l'assassin profita de la stupeur générale pour disparaître.

Saint Louis arriva dans cette île le 21 septembre 1248. Henri, petit-fils de Lusignan, qui avait obtenu le royaume de Chypre dans la troisième croisade, reçut le roi de France à Limissa et le conduisit dans sa capitale de Ni-

cosie, au milieu des acclamations du peuple, de la noblesse
et du clergé.

En 1478, de toutes les conquêtes des croisades, les
chrétiens n'avaient conservé que le royaume de Chypre et
l'île de Rhodes ; après avoir résisté longtemps aux musulmans, le premier de ces deux gouvernements devint à la
fois le théâtre et la proie des révolutions. Un fils illégitime
du dernier souverain fut couronné roi de Chypre dans la
ville du Caire, sous les auspices et en présence des Mameluks ; le nouveau monarque promit d'être fidèle au sultan
d'Egypte et de payer 5,000 écus d'or pour l'entretien des
grandes mosquées de la Mecque et de Jérusalem.... Puis,
comme je viens de le dire, Venise s'en empara et la con-
serva pendant près de cent ans, jusqu'à ce qu'elle en fut
dépouillée pour jamais par les Turcs. Ce fut encore à
Chypre que se retira Jacques Cœur, argentier de
Charles VII, condamné à mort parce qu'on ne pouvait le
payer de ses avances pendant les guerres d'Italie ; le roi
de France se contenta de le bannir !... Son inscription
tumulaire portait :

« Le seigneur Jacques Cœur, capitaine général de
l'Eglise contre les infidèles. »

Avant de quitter Chypre, qui doit sa principale célébrité
à la visite qu'elle reçut de saint Paul, et dont les *Actes des
Apôtres* font mention, je ne puis résister au plaisir de
donner à mes jeunes lecteurs une curieuse description du
costume oriental.

La partie la plus importante de ce vêtement pittoresque
a la forme d'un large pantalon, dont la ceinture serre le
milieu du corps, à l'aide d'un nœud coulant.

Il est de drap, de toile ou de soie, selon le caprice de celui qui le porte. Toutefois, pour monter à cheval, on n'emploie que la toile et le drap ; la soie est réservée pour les jours de cérémonie. On appelle *salnal* le pantalon fait avec ces deux premières étoffes, et *sintian* le pantalon de soie. Ensuite on endosse le *kombos*, espèce de tunique à longues manches, et qui descend presque jusqu'au bas de la jambe. On attache cette tunique avec un riche baudrier ou ceinture, qu'on nomme *sennar ;* les armes y sont suspendues. Le *daraben* est une sorte de casaque de campagne que l'on porte ordinairement par-dessus la tunique, au lieu du manteau appelé *benis*, lequel consiste en une étoffe légère aux couleurs les plus tranchantes.

Mais le vêtement le plus gracieux, c'est le *bournous*, longue robe blanche flottante, faite de soie et de crin de chameau, et bordée d'une frange de soie ordinaire.

Rien ne surpasse la légèreté et l'élégance de cette robe, dont la forme ressemble à l'antique *pallium*, à l'imitation duquel on en rejette un bout sur l'épaule gauche.

Le turban est extrêmement simple. Il n'est autre qu'un bonnet rouge, orné au sommet d'un gland de soie bleue avec un châle roulé autour. Ce châle peut être de toutes couleurs, à l'exception du vert, consacré spécialement aux descendants du prophète. On préfère généralement le blanc ; mais on le porte quelquefois d'un rose cramoisi ou d'un bleu clair.

La chemise est faite d'une étoffe très-douce au toucher, de soie ou de fil fin. Elle est ouverte de manière à laisser les bras et le cou entièrement nus.

## II.

Sidon. — Tyr. — Saint-Jean-d'Acre. — Les Anglais et Napoléon. — — Nazareth. — Agréable rencontre. — Couvent des Franciscains. — Le mont Thabor. — Tibériade.

Nous voici dans le port de la ville de Sidon, plus connue aujourd'hui sous le nom de Saïde. Ses alentours sont couverts de ruines qui ne laissent aucun doute sur son ancienne splendeur et sa vaste étendue. Maintenant elle est bien déchue, et quoique son aspect, à une certaine distance, soit encore imposant, on ne peut s'empêcher de gémir sur la fragilité des grandeurs d'ici-bas. Sidon a toujours un château qui s'avance vers la mer. Il pouvait jadis la mettre à l'abri des pirates, mais non des tempêtes qui règnent dans ces parages. On en attribue la construction à saint Louis. Les murailles sont en ruines. Auprès de la porte qui conduit à Césarée, on voit les ruines d'une chapelle à l'endroit même, selon une pieuse tradition, où la Chananéenne alla trouver Jésus-Christ.

Le territoire de Sidon, arrosé par deux fleuves, est

tout à fait pittoresque, à cause de ses nombreux jardins et des plantations de mûriers qui entourent ses remparts. Si les dehors de la ville sont riants, l'intérieur, par une fâcheuse compensation, en est fort triste et des plus misérables.

Sidon, célèbre dans la Bible, a pris le nom de son fondateur, qui était le fils de Chanaan.

Du temps de Moïse elle était la capitale de la Phénicie, située à l'extrémité septentrionale de la terre promise.

Après avoir été soumis à Salmanazar, à Nabuchodonosor, les Sidoniens passèrent sous la domination de Cyrus, fondateur des Perses, qui leur permit d'avoir des rois particuliers. Alexandre le Grand fit la conquête de Sidon et en confia le gouvernement à un certain Abdolonyme, simple jardinier, mais qui descendait d'une race illustre et même du sang royal.

Le successeur de Straton répondit au vainqueur de Darius, qui lui avait adressé ces paroles :

« Votre air ne dément pas ce qu'on dit de votre naissance; mais je voudrais savoir avec quelle patience vous avez supporté la misère :

— *Fassent les dieux que je puisse porter le sceptre avec autant de courage! Ces mains ont subvenu à tous mes désirs; tant que je n'ai rien eu, rien ne m'a manqué.* »

Si la conduite d'Abdolonyme, satisfait de son humble fortune et la regrettant même sur les marches du trône, fut celle d'un philosophe, saint Fiacre, cultivant aussi un modeste jardin, fit encore briller avec plus d'éclat l'humilité chrétienne, lorsqu'on vint lui proposer le sceptre et les ornements royaux : il les refusa constamment; ni les offres brillantes ni les séductions du pouvoir ne purent lui faire changer de résolution; il continua comme auparavant à prier et à cultiver ses légumes et ses fleurs.

Ce trait de la vie de saint Fiacre, patron des jardiniers, est représenté dans un tableau placé dans une des chapelles de Saint-Sulpice, à Paris.

Sidon fut tour à tour soumise aux successeurs d'Alexandre, puis aux rois d'Égypte, et enfin aux Romains.

Ce fut dans cette ville, où il demeura plusieurs mois, que saint Louis apprit la mort de la reine Blanche. Ce fut aussi dans ses environs que ce pieux monarque, ayant trouvé, après une bataille, plusieurs cadavres dépouillés et sanglants de ses sujets, invita le légat à bénir un cimetière, et qu'il ordonna d'enterrer ces tristes restes, desquels s'exhalait une odeur infecte. Mais personne ne voulut lui obéir. Alors, le roi, descendant de cheval, chargea un des cadavres sur ses épaules royales. A ce spectacle touchant, toute la suite de saint Louis s'empressa de donner la sépulture aux martyrs de Jésus-Christ.

On attribue aux Sidoniens l'invention du verre et le tissage des toiles fines de lin.

Ils furent employés à la charpente en cèdre du temple de Salomon et de celui qui fut bâti au retour de la captivité de Babylone; enfin, ce fut à l'un de ses plus habiles ouvriers, nommé Béséléel, que l'on dut la construction du tabernacle.

Quoique moins célèbre que Tyr, Sidon s'est mieux conservée; son nom moderne, dans la langue sainte et en arabe, signifie *pêche* ou *chasse*.

La maison de la Chananéenne, dont les chrétiens avaient fait une église, était devant la porte orientale de l'ancienne Sidon. Cette église, transformée en mosquée, se trouve actuellement dans la nouvelle ville.

Les habitants de Sidon reçurent de bonne heure les lumières de l'Évangile; car on croit que saint Pierre, ayant été retiré de sa prison par un ange et sortant de la maison de saint Marc, vint y prêcher la foi; ce qui fit encourir à ses habitants la haine d'Hérode; mais ils trouvèrent moyen de l'apaiser pendant qu'il était à Césarée. C'est pourquoi saint Paul y fut reçu avec beaucoup de charité par les chrétiens qui l'habitaient, lorsqu'on le conduisit en Italie; il s'y reposa plusieurs jours. Elle a un évêché suffragant de Tyr.

Les chrétiens ont leur église sur une montagne à une petite lieue de la ville; elle est dédiée au saint prophète Elie, et ne consiste qu'en une tour peu élevée, avec un petit autel, mais sans autre voûte que celle du ciel. Il y en a qui prétendent que Jésus-Christ se reposa sur cette montagne, lorsqu'il passa sur les terres des Sidoniens.

Nous avons à Sidon un consul, qui nous a reçus avec l'urbanité française; loin d'abuser de son aimable hospitalité, nous nous mîmes en route dès le lendemain, après avoir pris des guides, un mulet, des chevaux et les renseignements nécessaires.

Nous entrions dans Tyr après deux heures de marche. Notre imagination était pleine de cette ville à jamais célèbre dans l'histoire. Hélas! que le changement est grand! Elle n'offre plus que l'image de la destruction : la citadelle, dont les tours majestueuses brillent, aux rayons du soleil, d'un vif éclat, la citadelle domine seule des maisons à moitié ruinées.

On ne rencontre, au milieu de ce vaste ossuaire, nul monument remarquable. L'accomplissement a justifié les anathèmes des prophètes.

Ouvrons la Bible, et nous verrons combien fut grande la splendeur de l'ancienne capitale de la Phénicie.

« O toi qui es située à l'entrée de la mer pour le commerce des peuples (ainsi a parlé le Seigneur Dieu), ô Tyr ! tu as dit : Je suis d'une beauté parfaite. Tes limites s'étendent au milieu des eaux; tes fondateurs ont rendu ta magnificence accomplie; ils ont construit tous tes vaisseaux avec les sapins de Sénir; ils ont coupé des cèdres du Liban pour former des mâts; les chênes de Basan ont servi à façonner les rames. Une multitude d'Aserites ont fabriqué les bancs de tes navires avec l'ivoire apporté des îles de Chittim. Tu as formé tes voiles avec le lin d'Egypte, tissu en broderies; l'hyacinthe et la pourpre des îles d'Elisa ont servi à composer ton pavillon. Les habitants de Sidon et d'Arvad sont tes rameurs. Tous les vaisseaux affluent dans ton port pour y servir d'instruments à ton trafic. Ton immense commerce comble de biens un peuple nombreux. Tu peux enrichir tous les rois de la terre avec tes marchandises et tes trésors.

« Tu as été un Eden, le jardin du Seigneur. Tu t'es couverte de toutes les pierreries précieuses : de la sardoine, de la topaze et du diamant, du béril, de l'onyx et du jaspe, du saphir et de l'émeraude, de l'escarboucle et d'or; le tambourin, les flûtes champêtres ont été préparés pour toi le jour de ta naissance.

« Ton cœur s'est enflé à cause de ta beauté. Ta splendeur a corrompu ta sagesse. Je veux te renverser jusque dans tes fondements; je veux te coucher aux pieds des rois, pour qu'ils contemplent ta ruine.

« L'immensité de ton commerce t'a remplie d'orgueil et de violence, et tu as péché. C'est pourquoi je veux te renverser, comme profane, de la montagne du Seigneur. Oui, je te détruirai, chérubin orgueilleux; je bouleverserai tes édifices, qui tomberont en débris enflammés. »

Tyr, fondée par Sidon et sortie de son sein, devint sa rivale et finit par la subjuguer.

La puissance de l'ancienne capitale de la Phénicie sur la Méditerranée et dans l'Occident est assez connue. Carthage, Utique, Cadix, colonies fondées par elle, en sont les monuments célèbres. Elle étendait sa navigation jusque dans l'Océan et la portait au Nord par delà l'Angleterre, et au Sud par delà les Canaries. Ses relations à l'Orient, quoique moins certaines, étaient immenses. Les îles de Tyrus et Aradus (aujourd'hui Barhain), dans le golfe Persique; les villes de Faran et *Phœnicum Oppidum*, sur la mer Rouge, déjà ruinées au temps des Grecs, prouvent que les Tyriens fréquentèrent, dès la plus haute antiquité, les parages de l'Arabie et de la mer de l'Inde. La Bible, dans son langage poétique, donne des détails d'autant plus précieux, qu'ils offrent, dans les siècles reculés, un tableau de mouvements analogues à ce qui se passe encore de nos jours.

Toutes les histoires, tous les monuments s'accordent à représenter Tyr comme une des plus florissantes villes du monde ancien. Maîtresse de la mer, centre du commerce

de l'univers, attirant de tous les pays à ses marchés tout
ce qui pouvait l'enrichir par la vente ou l'échange des
choses qui contribuent le plus au luxe, aux vanités, aux
délices, aux commodités de la vie; devenue nécessaire ou
redoutable à tous les peuples, traitant les autres nations
comme un insolent dominateur traite ceux qu'il tient as-
servis à sa puissance; faisant un honteux trafic de la fortune et de la vie, non-seulement de ses ennemis, mais de
ses alliés mêmes; insultant au malheur de Jérusalem,
poussant l'impiété jusqu'à la dépouiller, elle et son temple,
de ses trésors les plus précieux, pour en faire hommage
aux infâmes divinités qu'elle adorait, Tyr mérita enfin
que le ciel fît éclater sur elle les menaces de sa colère.

« Hurlez, s'écrie Isaïe, vaisseaux de la mer, parce que
le lieu d'où les navires avaient coutume de faire voile a
été détruit; la nouvelle de sa ruine viendra de Céthium
(ville de la Macédoine). »

Il n'est pas sans intérêt de lire dans Quinte-Curce les
détails du siége de Tyr par Alexandre, siége mémorable,
dont celui de la Rochelle, sous Louis XIII, rappelle
quelques circonstances, surtout en ce qui se rapporte à la
chaussée ordonnée par le puissant ministre du roi de
France, le cardinal de Richelieu, pour s'emparer de ce
boulevard de la religion réformée.

Après bien des vicissitudes, Tyr se rétablit à la faveur
d'une longue paix et jouit d'un profond repos sous la protection des Romains.

Lorsque Jésus-Christ, descendu de la montagne, prononça ces paroles, si nouvelles pour ses auditeurs : « Heureux ceux qui pleurent, heureux ceux qui souffrent, heu-

reux les pauvres d'esprit ! » la foule qui l'entourait était venue en grande partie de Tyr et de Sidon.

Les Tyriens, qui, sous les princes Machabées, avaient recouvré une partie de leur ancienne splendeur, mais qui se livraient encore au culte des fausses divinités, reçurent la lumière de l'Évangile après l'Ascension du Sauveur, et embrassèrent le christianisme du vivant de saint Paul.

L'Eglise de Tyr fut honorée d'un concile et devint métropolitaine. Son siége fut rempli par un prélat célèbre du XIIe siècle, Français de nation, connu sous le nom de Guillaume de Tyr, qui s'est distingué par sa science, par sa piété et par d'habiles négociations. C'est à ce prince des historiens des croisades que nous devons la meilleure histoire de la guerre sacrée.

Tyr passa successivement sous la domination des rois d'Egypte et de ceux de Syrie. Elle fut, avec cette dernière province, conquise par Pompée. Sous Adrien elle devint métropole, et fut prise et reprise plusieurs fois du temps des chrétiens. La glorieuse résistance que cette ville sut opposer aux armes de Saladin est à jamais digne de mémoire.

La cité de Tyr, au temps du roi Baudouin, rappelait à peine le souvenir de cette ville somptueuse dont les riches marchands, au rapport d'Isaïe, étaient des princes ; mais on la regardait encore comme la plus peuplée et la plus commerçante des villes de Syrie.

Cette ville, conquise par les chrétiens, arrêta seule toutes les forces réunies de Saladin, qui s'était emparé de Jérusalem et avait gagné la fameuse bataille de Tibériade.

L'ancienne Tyr s'élevait sur un rivage délicieux que les

montagnes mettaient à l'abri des frimas du nord; elle avait deux grands môles qui, comme deux bras, s'avançaient dans les flots pour en former un port où la tempête ne trouvait point d'accès. De plus, elle était défendue d'un côté par les flots de la mer et par des rochers escarpés, de l'autre par une triple muraille surmontée de hautes tours. La nouvelle Tyr, maintenant appelée *Sour*, située à l'extrémité d'une péninsule de sable, couvre un espace d'un mille de longueur et d'un demi-mille de largeur. Elle n'a rien conservé de son ancienne magnificence. Son petit port est tellement encombré de sable et de matériaux de toute espèce, que les bateaux de pêcheurs qui visitent encore cette ville autrefois si célèbre, et qui, selon la prédiction littérale des saintes Ecritures, étendent leurs filets sur ses ruines et sur ses rochers, ne peuvent y pénétrer qu'avec de grandes difficultés.

Entre Tyr et Sidon, à quatre lieues environ de cette dernière ville, est situé le village de Sarepta, célèbre dans les livres saints par la résidence du prophète Elie et par le miracle qu'il y opéra, en ressuscitant le fils d'une pauvre veuve. Les environs de Tyr sont renommés par des réservoirs vraiment remarquables et connus sous le nom de citernes de Salomon. Quelques voyageurs ont attaqué leur ancienne origine et soutiennent qu'ils n'existent que depuis la conquête d'Alexandre. Je laisse aux antiquaires orientaux le soin de résoudre cette question, et je rentre dans la ville, pour parler de notre séjour.

Dans l'Orient, les voyageurs ne doivent pas compter sur les auberges; il n'y a pour eux de refuge que les couvents et la demeure des consuls. Mais la position de ces derniers est quelquefois si précaire, qu'on est heureux de frapper à la porte des pieuses retraites; on y est toujours bien accueilli. Je ne doute point que la plupart des voyageurs ne tiennent le même langage que moi.

Nous cherchâmes donc à Tyr un gîte dans un excellent petit couvent situé non loin des bords de la mer. Nous aurions pu y passer agréablement plusieurs journées, sans une indisposition subite de notre bon père; mais, grâce à Dieu, elle ne fut pas de longue durée.

Aussitôt qu'il fut rétabli, nous quittâmes Tyr pour nous rendre à Saint-Jean-d'Acre, connue sous les différents noms d'Acco ou d'Accho, de Ptolémaïde, ville de la tribu d'Aser. C'est sous ce dernier nom qu'elle est désignée dans le récit qu'a fait saint Paul de son voyage à Césarée. La situation de cette ville est des plus agréables. La fertilité règne dans ses campagnes; elle a au nord et à l'orient une plaine magnifique, longue et large de deux lieues environ. Autour de sa partie occidentale coulent les eaux de la Méditerranée, et du côté du midi, une baie spacieuse s'étend depuis ses murs jusqu'au pied du mont Carmel, qu'on découvre à deux lieues de la ville.

Saint-Jean-d'Acre, tombée au pouvoir de Saladin en 1187, reprise par Philippe-Auguste, roi de France, et Richard, roi d'Angleterre, le 13 juillet de l'année 1191, pillée en 1290 par les Sarrasins, réparée au XVIIe siècle par Fakhr-Eddin, prince des Druses, fut le dernier point fortifié que les chrétiens perdirent dans leur lutte contre les Turcs. Des ruines, voilà tout ce qui signale le glorieux séjour qu'y firent les Hospitaliers.

Plus tard le général Bonaparte devait s'arrêter au pied

des mêmes remparts, faute d'artillerie de siége, et baisser sa tête couverte de lauriers devant les vaisseaux foudroyants de nos ennemis.... les Anglais !

Mais laissons les débats profanes et rendons-nous à Nazareth, lieu cher aux chrétiens.

Nous partîmes ivres de joie et remplis des souvenirs les plus touchants; nous allions visiter Nazareth, petite ville de la tribu de Zabulon, célèbre pour avoir été la résidence de la sainte Vierge, de saint Joseph et de Jésus-Christ.

La route de Saint-Jean-d'Acre à Nazareth ne devient riante qu'à l'approche du village de Séphoris (plus tard Diocésarée), où l'on croit que sainte Anne demeurait. On voit encore les ruines d'une église qu'on avait construite sur l'emplacement même de sa maison.

Nazareth s'élève à l'orient, le long d'une colline, et n'offre aux regards avides des pèlerins que des rues étroites, tortueuses, formées de maisons blanches très-irrégulièrement bâties, et au milieu desquelles coule un petit ruisseau. La population, presque toute chrétienne, est de douze cents âmes.

Fatigués de la chaleur et des cinq lieues que nous avions parcourues, nous n'eûmes rien de plus pressé que de gagner le monastère des Franciscains; ces bons pères nous reçurent et nous traitèrent avec une affection toute particulière.

Outre la charité, qui est le mobile de toutes leurs actions, un autre motif les animait. Le supérieur était Italien, et mon père, dans une des guerres de l'Empire, l'avait connu à Naples. Il servait alors en qualité de lieu-

tenant-colonel. Ayant été grièvement blessé, il fut recueilli par ce bon religieux, qui lui prodigua non-seulement tous les soins qu'exigeait sa triste position, mais
encore les secours spirituels. Depuis cette époque, ils ne
s'étaient plus revus; mais tous les deux conservaient un
doux souvenir d'une liaison que la chute de Napoléon
semblait avoir interrompue pour jamais. Qu'on se figure
la joie des deux vieux amis en se rencontrant loin de
l'Europe, et d'une manière aussi fortuite! Ils ne purent
retenir leurs larmes et se jetèrent dans les bras l'un de
l'autre.

Aussi que de soins, que d'attentions nous entourèrent!
Les lois de l'Évangile, dont les religieux sont si profondément pénétrés, ne furent jamais plus scrupuleusement
observées.

Le supérieur voulut nous servir lui-même de guide et
nous faire d'abord visiter le lieu vénéré qu'il habite. Ce
ne fut pas sans profit pour notre pieuse curiosité.

Le couvent est un édifice spacieux et bien construit.
L'église où les religieux célèbrent leur service divin est
tenue avec la propreté qui règne ordinairement dans les
temples catholiques; mais l'architecture est sans ornements. Les tapisseries et les peintures qui en décorent
les murs annoncent peu de progrès dans les arts. L'édifice comprend dans son circuit l'ancienne demeure de
Joseph d'Arimathie; et la tradition a conservé le souvenir de la grotte où l'ange vint annoncer à la Vierge sa
conception miraculeuse. Par deux escaliers étroits, qui
sont aux deux côtés, on monte au maître-autel, placé sur
la roche qui forme la voûte de cette grotte. Derrière est

le chœur des moines, de sorte que l'église est composée
de trois plans : celui de la grotte au fond, celui du
corps principal de l'église au milieu, celui du maître-
autel et du chœur en haut. Au-dessus du chœur il y a encore un quatrième plan, en forme de tribune, où l'on a
placé un orgue ; on y monte par un escalier, dont l'entrée se trouve dans le chœur. Tous ces plans différents
sont sur la roche. On trouve dans la grotte une pièce
carrée, magnifiquement ornée, au milieu de laquelle est
un tabernacle d'un beau marbre blanc, sur quatre petites
colonnes, avec un autel par derrière ; un escalier très-
étroit, creusé dans le roc, conduit dans une autre grotte
qu'on croit avoir été la cuisine de l'habitation de la
sainte Vierge, à cause d'une espèce de foyer ou cheminée
qui se trouve dans un angle. Un escalier aussi étroit que
le premier communique à la partie intérieure du couvent.

La mère de Constantin, qui fit, à l'âge de plus de
quatre-vingts ans, un pèlerinage en Palestine, employa
tous les moyens que lui procurait sa haute position pour
sauver de l'oubli tant de précieux souvenirs.

Beaucoup d'objets de la vénération publique, ignorés ou
imparfaitement connus, furent, grâce à son zèle et à sa
générosité, rendus aux fidèles.

Le local où Joseph exerçait son métier est à cinquante
toises environ de l'église. La forme autrefois en était
circulaire ; mais il n'en reste aujourd'hui qu'un débris, la
plus grande partie ayant été démolie par les Turcs. Un
autel est érigé près de l'entrée. Non loin de là est une
petite chapelle, où se trouve le fragment d'un rocher sur

lequel on croit que notre Sauveur prenait quelquefois ses repas avec ses disciples. Dans une église grecque, à un mille environ de cet endroit, est une fontaine où la mère de Jésus avait coutume d'aller puiser de l'eau; elle est pure et d'un goût très-agréable. Saint Louis, disent les historiens, arriva, la veille de l'Annonciation de Notre-Dame, à Cana de Galilée, portant sur sa chair un rude cilice; de là, il alla au mont Thabor, et vint le même jour à Nazareth. Sitôt qu'il aperçut cette bourgade, il descendit de cheval et se mit à genoux pour adorer de loin ce saint lieu, où s'était opéré le mystère de notre rédemption. Il marcha jusque-là à pied, quoiqu'il fût extrêmement fatigué et qu'il jeûnât ce jour-là au pain et à l'eau. Il y fit célébrer le lendemain tout l'office divin, c'est-à-dire les matines, la messe et les vêpres. Il communia de la main du légat, qui fit, à cette occasion, un sermon fort touchant; de sorte que, selon la réflexion que fait le confesseur de ce monarque dans un écrit qui en a conservé toutes les circonstances, on pourrait dire que, depuis que le mystère de l'Incarnation s'était accompli à Nazareth, jamais Dieu n'y avait été honoré avec plus de dévotion.

Au centre de Nazareth se trouve une mosquée dont le minaret semble proclamer, chaque jour, que le Coran y remplace l'Evangile.

On voit encore à Nazareth, à peu de distance et au couchant de la sainte grotte, un ancien bâtiment en pierres de taille et bien voûté, que l'on croit être la synagogue dans laquelle Jésus-Christ étant entré un jour de sabbat, voulut éclairer ses compatriotes et les instruire

en leur expliquant particulièrement les prophéties d'Isaïe
qui les concernaient; mais ils furent bientôt scanda-
lisés de tant de sagesse et se disaient les uns aux autres :
« N'est-ce pas là cet artisan, fils de Joseph le charpentier,
« le fils de Marie, le frère de Jacques et de José, de Jude
« et de Simon? Toutes ses sœurs ne sont-elles pas parmi
« nous ? »

Et ils le chassèrent de leur ville, et ils le menèrent sur
une roche saillante pour le précipiter; mais Jésus, dont
l'heure n'était pas venue, passant au milieu d'eux, descendit miraculeusement la montagne et s'enfuit de cette
ingrate cité, pour n'y plus revenir.

Les alentours de Nazareth sont peuplés de bêtes sauvages; les chacals surtout y sont en grand nombre.

Le lendemain de notre arrivée, le supérieur nous réveilla de bonne heure, afin de visiter le mont Thabor.
Nous fûmes bientôt debout, et nous n'eûmes qu'à partir.
Toutes les dispositions pour notre petite excursion avaient
été prises. Deux Maronites portaient quelques provisions; ce qui permit aux deux domestiques qui nous
avaient suivis en Orient de nous accompagner en ama-
teurs.

Le mont Thabor est situé à deux lieues environ de Nazareth, du côté de l'Orient. Il nous fallut franchir quelques collines et des vallées avant d'arriver au pied de
cette sainte montagne, d'où Barac, troisième juge d'Israël, à la voix de la prophétesse Débora, descendit à la
tête de dix mille hommes, pour délivrer les Hébreux de
la servitude où les tenait Jabin, roi des Chananéens;
l'armée des ennemis, selon la prédiction de Débora, fut

mise en déroute, et le prince même tué par une femme à laquelle il avait demandé l'hospitalité. Après la victoire, la prophétesse chanta le cantique célèbre qui porte son nom. Pendant près de quarante ans, elle gouverna le peuple d'Israël avec Barac.

Mais la transfiguration de Notre-Seigneur a rendu le mont Thabor plus célèbre que la défaite des ennemis du peuple de Dieu.

Nous prîmes un peu de repos avant de gravir la sainte montagne. Le ciel était couvert de nuages, ce qui nous rendit assez douce la montée, qui est rude et fatigante. Le Thabor est rond, plus large en bas, étroit en haut. Sur la plaine de son sommet, il y eut jadis une forteresse bâtie par Josèphe (1) et détruite par le Romain Placide, qui fit des prodiges de valeur au siége que Jotapate, ville de la tribu de Zabulon, soutint contre Vespasien et Titus; il dura soixante-sept jours. On voit encore les ruines de cette forteresse, ainsi que les débris d'une église bâtie en cet endroit par sainte Hélène. Il paraîtrait que ce fut auprès de ce temple qu'eut lieu la transfiguration. On remarquait aussi une petite chambre, en forme de chapelle, où l'on prétend que fut accompli l'auguste mystère dont nous venons de parler. Le bon religieux qui nous donnait toutes ces explications alluma du feu; nous priâmes en silence et sous l'impression des scènes miraculeuses que ces lieux sacrés nous rappelaient. Ensuite nous nous dirigeâmes du côté d'une petite citerne, au-

_____

(1) Juif célèbre par ses ouvrages historiques et par le rôle qu'il joua dans sa patrie.

près de laquelle nous nous assîmes en rond, pour nous
rafraîchir et réparer nos forces épuisées.

Après un léger repas, nous explorâmes toute la montagne, qui est couverte d'arbres et n'offre aucune trace
de stérilité, malgré les assertions de certains voyageurs
philosophes. Arrivés à la partie occidentale de la plaine,
nous ressentîmes un air très-vif, et, portant nos regards
de tous côtés, nous pûmes admirer le plus magnifique
des panoramas. Notre guide nous fit remarquer les
uns après les autres une multitude de sites que ni le
langage des hommes ni la peinture ne peuvent reproduire.

Du côté du levant, on voit les montagnes éloignées de
l'Arabie et la mer de Galilée, que Notre-Seigneur traversa
si souvent avec ses apôtres. A proprement parler, c'est
plutôt un lac qu'une mer ; car les eaux en sont douces, et
le Jourdain, qui prend son cours du septentrion au midi,
la traverse. Du sommet du Thabor, on aperçoit deux fois
ce fleuve, qui va se perdre dans la mer Morte. Quoiqu'on
ne puisse voir cette mer fameuse, à cause de quelques
montagnes qui bornent les regards de ce côté, notre saint
guide, ainsi que mon père, prétendait distinguer les va-
peurs qui s'élevaient de son sein. Au pied du mont Thabor, vers l'orient, commence une plaine de deux lieues
d'étendue environ, et finissant à la mer de Galilée. Nous
prîmes plaisir à la considérer, parce qu'on assure que
c'est là qu'eut lieu le célèbre miracle de la multiplication
des cinq pains qui rassasièrent plusieurs milliers de personnes.

Du côté du couchant, on ne découvre que des montagnes, entre autres le mont Carmel, qui semble très-élevé. L'œil n'est pas moins flatté à l'aspect des montagnes plus ou moins voisines de Nazareth. Au nord, on saisit les montagnes de Damas et celles de Béthulie ; les premières se confondent avec l'horizon ; les secondes sont plus rapprochées, et fameuses par le courage de Judith, qui frappa d'une terreur panique les troupes nombreuses d'Holopherne, dont elle avait tranché la tête.

On découvre, entre quelques autres montagnes, l'ancienne ville de Sephet (de la tribu de Nephtali), dont il est fait mention dans le livre de *Tobie* ; on peut voir aussi une plaine inégale au milieu de laquelle, suivant la tradition, Notre-Seigneur prêcha les béatitudes à ses disciples.

Enfin, du côté du midi, l'œil peut s'arrêter sur une foule d'objets non moins intéressants. C'est d'abord le mont Hermon, à peine éloigné du Thabor de trois milles ; ce qui a fait dire au prophète :

« Thabor et l'Hermon seront plongés dans la joie à votre nom, et feront connaître combien votre bras est puissant. »

L'Hermon n'est pas plus haut que le Thabor, mais plus large. A ses pieds est Endor, célèbre par la défaite des Madianites. C'est dans une vallée voisine de cette ville que demeurait la fameuse pythonisse que Saül consulta et qui évoqua l'ombre de Samuël, avant la bataille de Gelboé. La ville de Naïm, de la tribu d'Issachar, aujourd'hui simple village, est aussi dominée par l'Hermon. Saint Luc place à Naïm le théâtre de la résurrection du fils de

la veuve par notre Seigneur Jésus-Christ. On découvre
encore dans le lointain les montagnes d'Éphraïm et de
Samarie, ainsi que la vaste plaine de Cennin, nommée
encore le *Grand-Champ* ou grande campagne d'Esdrelon.
Elle s'étend de tous côtés avec une merveilleuse égalité.
Le Cisson, torrent qui n'est considérable qu'à l'époque
des pluies et qui va se jeter dans la mer de Galilée (1), après avoir promené ses eaux entre le Thabor et
l'Hermon, arrose la campagne dont nous venons de
parler.

Les écrivains qui ont avancé que le sommet du Thabor se termine en pain de sucre se sont trompés : c'est
un plateau d'environ une demi-lieue d'étendue, où l'on
ne rencontre que de l'herbe fort élevée, des brous-
sailles, des arbustes, de petits bocages sur les points
les plus éminents, et d'énormes tas de pierres, débris des églises que sainte Hélène y fit construire pour
perpétuer la mémoire du mystère qui s'y était accompli.

Nous parvînmes, non sans de grandes difficultés, à
une chapelle en ruines, la seule qui reste aujourd'hui.
Tous les ans, la communauté de Nazareth s'y rend en pèlerinage, le jour de la Transfiguration, pour y célébrer la
messe et chanter l'Évangile suivant :

---

(1) Ainsi appelée à cause de sa situation dans la province de ce nom.
Elle est aussi connue sous la dénomination de lac de Tibériade, du nom
de la ville construite sur ses bords, et lac de Génézareth, du nom d'une
autre ville qui n'est plus. Pline lui donne cinq lieues de long et deux de
large. Cet auteur la peint entourée de charmantes maisons de campagne.
Hélas ! qu'en sont devenues même les ruines ?

« Jésus prit avec lui Pierre, et Jacques, et Jean, son frère, et les conduisit à l'écart sur une montagne élevée.

« Et il se transfigura devant eux, et son visage resplendit comme le soleil, et ses vêtements devinrent éclatants comme la neige.

« Et en même temps Moïse et Élie leur apparurent parlant avec lui.

« Or, Pierre dit à Jésus : Seigneur, il nous est bon d'être ici; si vous voulez, faisons trois tentes : une pour vous, une pour Moïse et une pour Élie.

« Il parlait encore lorsqu'une nuée brillante les couvrit, et tout à coup une voix de la nuée dit : Celui-ci est mon Fils bien-aimé en qui j'ai mis toute ma complaisance, écoutez-le.

« Et les disciples, entendant ces paroles, tombèrent la face contre terre dans un grand effroi.

« Et Jésus s'approcha et les toucha, et leur dit : Levez-vous et ne craignez point.

« Alors, levant les yeux, ils ne virent plus que Jésus seul.

« Et comme ils descendaient de la montagne, Jésus leur commanda, disant : Ne dites à personne cette vision, jusqu'à ce que le Fils de l'homme soit ressuscité d'entre les morts. » (Matthieu, XVII, 1-9.)

Des souvenirs militaires viennent se rattacher à cette montagne miraculeuse. A des époques bien éloignées, l'armée française y déploya sa valeur accoutumée.

« En 1217, pour occuper les soldats que l'oisiveté por-

tait toujours à la licence, on forma le projet d'attaquer
la montagne du Thabor, où s'étaient fortifiés les musulmans.

« On ne pouvait arriver à ce point escarpé sans af-
fronter mille dangers. Rien n'intimida les guerriers chrétiens. Le patriarche de Jérusalem, qui marchait à la tête
des chrétiens, leur montrait le signe de la rédemption et
les animait par son exemple et par ses discours. D'é-
normes pierres roulaient des hauteurs occupées par les
infidèles ; l'ennemi faisait pleuvoir en outre une grêle de
javelots sur tous les chemins qui conduisaient à la cime
de la montagne. La valeur des soldats de la croix brava
tous les efforts des Sarrasins ; le roi de Jérusalem se signala par des prodiges de bravoure et tua de sa main
deux émirs. Parvenus au sommet du Thabor, les croisés
dispersèrent les musulmans, les poursuivirent jusqu'aux
portes de la forteresse ; rien ne pouvait résister à leurs
armes. Mais tout à coup quelques-uns des chefs redou-
tèrent les entreprises du prince de Damas, et la crainte
d'une surprise agit d'autant plus vivement sur les esprits
que personne n'avait rien prévu. Pendant que les musulmans se retiraient pleins d'effroi derrière leurs remparts,
une terreur subite s'empara des vainqueurs ; les croisés renoncèrent à l'attaque de la forteresse, et l'armée chrétienne se retira sans rien entreprendre,
comme si elle ne fût venue au mont Thabor que pour y
contempler le lieu consacré par la transfiguration du
Sauveur.

« Cette retraite eut les suites les plus funestes. Tandis
que les chefs se reprochaient entre eux la honte de l'ar-

4

mée et la faute qu'ils avaient faite, les chevaliers et les soldats étaient tombés dans le découragement. Le patriarche de Jérusalem refusa de porter désormais devant les croisés la croix de Jésus-Christ, dont la vue ne pouvait ranimer ni leur piété ni leur courage. » (MICHAUD.)

Mais cette inconcevable défection, dont l'histoire offre plus d'un exemple, fut bien vengée sur le même terrain, le 16 avril 1799, par les troupes de l'expédition d'Égypte.

« Pendant qu'on poussait avec vigueur les mines et les travaux du siége de Saint-Jean-d'Acre, Bonaparte apprit qu'une armée nombreuse, conduite par le pacha de Damas, était en mouvement pour nous attaquer sous les murs de la ville. Djezzar le savait et redoublait ses sorties furieuses, pour nous occuper devant la place, espérant que ses alliés viendraient nous y surprendre et nous y anéantir. Bonaparte avait poussé vers le Jourdain deux petits corps d'observation, Kléber avec sa division à Nazareth, et Murat avec deux mille hommes à Jaffet. L'armée ennemie, forte de quarante mille hommes, dont vingt mille cavaliers, débouchait avec fracas par tous les points de la Tibériade. Kléber en informa le général en chef, en lui annonçant son dessein de marcher à l'ennemi et en demandant quelques secours. Murat reçut ordre de le joindre à marches forcées avec sa cavalerie. Bonaparte lui-même se disposa à partir avec la division Bon, pour le soutenir et livrer une bataille décisive. Djezzar essaya auparavant une sortie sur trois colonnes pour détruire nos travaux; mais, mitraillé à

outrance, il laissa le terrain couvert de morts et de
blessés. Les soldats anglais et musulmans, repoussés
avec cette énergie, rentrèrent précipitamment dans la
place. Bonaparte se mit aussitôt en marche (8 avril).

« Kléber était arrivé dans les plaines qui s'étendent au
pied du mont Thabor, non loin du village de Fouli. Il
avait eu l'idée de surprendre le camp turc pendant la
nuit; mais, égaré par ses guides, il n'arriva qu'à six
heures du matin et trouva toute l'armée ennemie en bataille. A peine eut-il mis en carré ses trois mille hommes,
que les escadrons asiatiques s'ébranlent et nous chargent
avec la plus grande impétuosité. Jamais les Français
n'avaient vu tant de cavaliers caracoler et se précipiter
dans tous les sens. Le reste de l'armée du pacha s'avance
au pas de course, en poussant des cris épouvantables. Il
semblait que notre division dût être réduite en poudre;
mais, immobiles à leur poste, nos braves opposent de
toutes parts une triple haie de baïonnettes, et bientôt
font, à bout portant, un feu terrible qui jonche le terrain
de cadavres et oblige ces superbes Orientaux à rétro-
grader. Les charges se renouvellent avec une intrépidité
furieuse; elles sont toujours repoussées avec la même
énergie. Retranchés derrière un rempart de cadavres,
d'hommes et de chevaux, nos soldats résistèrent six
heures de suite à l'impétuosité et aux charges multipliées
de leurs adversaires; mais enveloppés par une armée
quinze fois plus nombreuse, il était évident que cette
troupe de héros, accablés par la fatigue et par le nombre,
finiraient par trouver, au pied du mont Thabor, une mort
glorieuse. Il était une heure après midi; on combattait

avec acharnement sur tous les points. Tout à coup le
bruit du canon se fait entendre dans le lointain. « C'est
« Bonaparte! s'écrient les soldats pleins d'ardeur et
« d'enthousiasme; c'est lui qui vient à notre secours! »
C'était lui, en effet, qui venait soutenir son héroïque
lieutenant. Arrivé sur une éminence, à trois lieues du
champ de bataille, il avait vu la plaine couverte de feu et
de fumée, et la brave division Kléber entièrement enveloppée et luttant contre une armée innombrable. A la
vue du danger de leurs frères d'armes, les soldats demandèrent à grands cris le combat. Bonaparte partage sa
division en deux carrés qui s'avancent rapidement de
manière à former un triangle équilatéral avec la division
Kléber et à mettre l'ennemi au milieu d'eux. On avait
marché en silence, et, à une demi-lieue seulement de
distance, l'artillerie fit une décharge pour annoncer le
secours. Des cris de joie s'élevèrent de tous les rangs,
et les soldats combattaient avec une nouvelle énergie,
lorsque Bonaparte paraît tout à coup sur le champ de
bataille. Son apparition fut un coup de foudre pour les
ennemis. Un feu épouvantable, partant des trois extré-
mités du triangle, écrase et disperse les Mameluks qui
étaient au milieu. Les escadrons fuient dans le plus grand
désordre. Kléber prend à son tour l'offensive et lance sur
Fouli une colonne de deux cents grenadiers, qui s'a-
vance avec audace en faisant pleuvoir un feu terrible, à
droite et à gauche, sur les fantassins ennemis qui ré-
sistent. Le village est emporté à la baïonnette. Fou-
droyée par l'artillerie, repoussée de tous côtés par la
fusillade ou l'arme blanche, toute cette multitude se

précipite derrière le mont Thabor et s'écoule en désordre vers le Jourdain. Notre infanterie la poursuivit au pas de charge, la baïonnette dans les reins, et les fuyards tombèrent au milieu de la cavalerie de Murat, qui les tailla en pièces et les força à se jeter dans le Jourdain : un grand nombre d'entre eux y furent engloutis. L'armée ottomane perdit dans cette journée plus de six mille hommes, un convoi de cinq cents chameaux, des provisions et un butin considérable. Notre perte fut de trois cents hommes tués ou blessés. Chose merveilleuse! six mille Français avaient suffi pour détruire cette armée que les habitants disaient aussi nombreuse que les étoiles du ciel et les sables de la mer.

« Cette victoire décisive du mont Thabor produisit tant d'effet sur nos ennemis, qu'ils n'osèrent plus nous inquiéter pendant toute la durée du siége. Epouvantés, les musulmans se dispersèrent dans leurs provinces et n'en sortirent plus. Kléber témoigna une grande admiration de la belle manœuvre qui avait décidé la bataille; il sentait que son général en chef lui avait sauvé l'honneur et la vie.

« Bonaparte, après avoir laissé une division à Nazareth, s'empressa de revenir à Saint-Jean-d'Acre. »

Au siége de Nazareth, Junot, à la tête de trois cents cavaliers, ne craignit pas d'attaquer un corps de dix mille musulmans, qu'avec le secours de Kléber il mit en pleine déroute.

Nous revînmes à Nazareth, pénétrés d'une foi plus vive et méditant sur les pieux souvenirs que réveille l'ascension pénible des courageux pèlerins; méditation profonde et qui ne peut jamais s'oublier.

Le jour suivant, nous visitâmes Tibériade, qui donna son nom au lac de Génézareth, situé à plus de vingt milles de Nazareth, sur la côte occidentale de la mer de Galilée, qui lui sert de limite de ce côté. Une muraille rectangulaire, flanquée de quelques tours, dont un canon européen aurait facilement raison, complète les fortifications de cette ville, qui renferme quatre mille habitants, juifs pour la plupart, et qui parlent fort bien l'allemand. Leur synagogue est regardée comme la première de l'Orient, et leurs rabbins passent pour très-instruits. Leurs coreligionnaires étrangers accourent dans cette ville, guidés par le même sentiment de dévotion qui en attire un grand nombre à Jérusalem. Il y en arrive de toutes les parties du globe avec l'intention d'y finir leurs jours. Une tradition, très-accréditée parmi eux, leur assure que le Christ viendra de Capharnaüm à Tibériade, et les plus zélés, dit-on, vont se poster sur un lieu élevé, les yeux constamment fixés sur les ruines de la cité d'où le Messie doit venir. Ils font sentinelle, afin d'être les premiers à annoncer son heureux avénement.

Hérode-Agrippa, tétrarque de Galilée, fut le fondateur de Tibériade, qui rappelle un empereur cruel et voluptueux tout à la fois, ce farouche Tibère dont les débauches ont sali jusqu'au nom de la délicieuse Caprée.

Hérode peupla cette nouvelle ville en partie d'étrangers, en partie de Galiléens, dont quelques-uns furent contraints de s'y établir. Il accorda de grands priviléges, des biens, et à plusieurs, des maisons pour les y fixer.

Les ruines de Tibériade attestent son ancienne splen-

deur ; elle est réduite à un enclos de cinq à six cents pas,
que l'on attribue à une sultane. Cette ville, autrefois
épiscopale, n'a conservé qu'un petit nombre de maisons,
habitées par des Arabes. La peste y exerce souvent
ses ravages. L'église Saint-Pierre, qu'avait fait bâtir
sainte Hélène, ou, selon d'autres, Tancrède, roi de Sicile et gouverneur de Galilée, sous Godefroy de Bouillon,
est belle et assez intacte, mais petite. Elle fut élevée à
l'endroit où Jésus-Christ ressuscité apparut au prince des
apôtres, après la pêche miraculeuse qu'il lui fit faire,
demandant trois fois au disciple qui l'avait renié trois
fois : « M'aimez-vous ? » et, sur la réponse affirmative de
ce dernier, lui confiant le soin de ses brebis.

Ce qui m'a frappé, c'est la limpidité de la mer de Galilée. La scène du paysage d'alentour présente un grand
nombre de beautés pittoresques, dont le charme serait
encore plus grand, si le bois ne manquait pas. On découvre au nord-est Capharnaüm, où Jésus-Christ guérit le
serviteur du centenier, et la ville de Corozaïm, qui se
montra tellement insensible aux merveilles de l'Évangile, que le Seigneur la menaça d'un châtiment plus sévère que ceux de Tyr ou de Sidon. Des Arabes habitent
maintenant cette contrée. En face du lac, on rencontre
plusieurs cavernes creusées dans le roc et qu'on peut
regarder comme d'anciens sépulcres. La tradition rapporte qu'à l'époque de la mission de notre Sauveur,
les misérables possédés du démon s'y réfugiaient de temps
en temps. On peut, à ce sujet, consulter saint Matthieu
(VIII, 28).

La fameuse bataille de Tibériade, si fatale aux croisés,

est ainsi racontée par M. Michaud. Elle se livra le
2 juillet 1137.

« Contre l'avis tout à fait désintéressé du comte de
Tripoli, le faible Lusignan, roi de Jérusalem, menacé
par les Sarrasins, ayant à leur tête l'intrépide Saladin,
déjà maître de Tibériade, qu'il avait prise d'assaut,
donna l'ordre fatal de marcher contre l'ennemi. Les soldats, découragés, incertains comme leurs chefs, quittèrent avec peine le camp de Séphouri, voyant partout
des présages d'une défaite assurée. L'armée chrétienne
s'avançait vers Tibériade et marchait en silence, à travers la plaine de Babouf, lorsqu'elle aperçut les drapeaux
de Saladin.

« L'armée musulmane, campée sur les hauteurs de
Loubi, avait derrière elle le lac de Tibériade ; elle couvrait le sommet des collines et dominait tous les défilés
par lesquels devaient s'avancer les chrétiens. Alors les
barons et les chevaliers se ressouvinrent de l'avis du
comte de Tripoli ; mais il n'était plus temps de le suivre,
et la bravoure des soldats chrétiens pouvait seule réparer
les torts qu'avaient eus les chefs de l'armée. On prit la
résolution hardie et désespérée de s'ouvrir un chemin à
travers l'armée ennemie pour atteindre les rives du
Jourdain. Les chrétiens se rangèrent en bataille et se
mirent en marche ; leurs bataillons s'avancèrent au milieu d'une grêle de pierres et de flèches lancées de toutes
parts. Bientôt la cavalerie musulmane descendit des collines et vint leur disputer le passage. Les chrétiens conservèrent leurs rangs et supportèrent, sans être ébranlés,
l'attaque impétueuse de l'ennemi. Les exhortations des

chefs et des prêtres, le sentiment de leurs propres périls,
et surtout la présence de la vraie croix, soutenaient leur
ardeur intrépide. Saladin, dans une de ses lettres, dit
que les Francs combattaient autour de la croix de Jésus
avec une bravoure extraordinaire; qu'ils la regardaient
comme le plus ferme de leurs appuis et comme leur bouclier invincible. Cependant ils avaient plus de courage
que de force, et, manquant d'eau et de vivres, accablés
par la chaleur du jour, les plus robustes tombaient d'é-
puisement et de lassitude. Quoiqu'ils eussent fait des
prodiges de valeur, ils commençaient à perdre l'espoir de
repousser les Sarrasins, lorsque la nuit vint séparer les
deux armées.

« Les Sarrasins étaient pleins de confiance dans la
victoire; Saladin parcourut les rangs de son armée; sa
présence et ses discours enflammèrent tous les courages.
« C'est aujourd'hui, leur disait-il, une fête pour les vrais
« croyants; car c'est le vendredi que les musulmans font
« la prière et que Mahomet exauce les vœux qui lui sont
« adressés; prions-le de nous donner demain la victoire
« sur nos ennemis. » Les musulmans répondirent au
sultan par de bruyantes acclamations. Saladin plaça ensuite des archers sur les hauteurs, fit distribuer quatre
cents charges de flèches, disposa ses troupes pour que
l'armée chrétienne fût enveloppée dès le commencement
du combat. Les soldats de Lusignan, de leur côté, profi-
tèrent des ténèbres de la nuit pour se rallier et préparer
leurs armes. Tantôt ils s'exhortaient les uns les autres à
braver la mort, tantôt ils levaient les yeux au ciel et le
conjuraient de déployer toute sa puissance pour les sau-

ver. Ils menaçaient encore les Sarrasins qui étaient assez
près d'eux pour les entendre; mais de sinistres pressenti-
ments semblaient leur ôter tout espoir de salut. Pour cacher leurs larmes, ils firent, pendant la nuit, retentir
leur camp du bruit des tambours et des trompettes. Enfin, le jour parut et fut le signal de la ruine entière de
l'armée chrétienne. Dès que les Francs aperçurent l'armée de Saladin et qu'ils se virent environnés de toutes
parts, ils furent saisis de surprise et de crainte. Les deux
armées restèrent longtemps en présence : Saladin atten-
dait que le soleil eût embrasé l'horizon pour commencer
l'attaque. Dès le matin, il s'éleva un grand vent qui soufflait contre les chrétiens et les couvrait de nuages de
poussière. Quand Saladin donna le signal, les Sarrasins
fondirent de tous côtés sur leurs ennemis en jetant tous
ensemble des cris épouvantables. Ce fut alors, pour nous
servir des expressions des auteurs orientaux, « que les
« fils du paradis et les enfants du feu vidèrent leur ter-
« rible querelle ; les flèches retentirent dans l'air
« comme le vol bruyant des passereaux; l'eau des glaives
« (le sang des guerriers) jaillit du sein de la mêlée et
« couvrit la terre comme l'eau de la pluie. » Les chrétiens se défendaient d'abord vaillamment, mais, Saladin
ayant fait mettre le feu à des herbes sèches qui cou-
vraient la plaine, la flamme environna leur armée et pé-
nétra sous les pieds des hommes et des chevaux.

« Quoique la confusion et le désordre se missent dans
leurs rangs, ils se montraient encore redoutables. On
voyait briller les glaives à travers les flammes; les plus
braves s'élançaient du sein des tourbillons de fumée et se

précipitaient, la lance à la main, contre les bataillons musulmans; les efforts inouïs de la valeur et du désespoir ne rencontraient partout qu'une résistance invincible; sans cesse les guerriers chrétiens revenaient à la charge, et sans cesse ils étaient repoussés. En proie à la soif, à la faim dévorante, ils ne voyaient autour d'eux que des rochers brûlants et les épées étincelantes des ennemis. La montagne d'Hélin s'élevait à leur gauche; ils y cherchèrent un asile, et, poursuivis par les Sarrasins, ils les repoussèrent trois fois jusque dans la plaine. Le courage que montrèrent les chevaliers du Temple et de Saint-Jean aurait sauvé l'armée, si elle avait pu l'être; mais le ciel, pour exprimer ici les opinions contemporaines, avait détourné de ses serviteurs les trésors de sa miséricorde. La vraie croix, autour de laquelle les chrétiens n'avaient cessé de se rallier, tomba entre les mains des infidèles, souillée du sang des évêques qui la portaient dans la mêlée. En voyant le signe de leur salut au pouvoir de leurs ennemis, ceux qui combattaient encore restèrent tout à coup immobiles de douleur et d'effroi. Les uns jetaient leurs armes en attendant la mort, les autres se précipitaient sur les glaives des musulmans. Cent cinquante chevaliers restés autour de l'étendard royal ne purent défendre le roi de Jérusalem; Guy de Lusignan fut fait prisonnier avec son frère Geoffroy, le grand maître des Templiers, Renaud de Châtillon, et tout ce que la Palestine avait de plus illustres guerriers. Raymond, qui commandait l'avant-garde de l'armée chrétienne, après avoir combattu vaillamment, s'ouvrit un passage à travers l'armée des Sarrasins et s'enfuit à

Tripoli, où peu de temps après il mourut de désespoir, accusé par les musulmans d'avoir violé les traités, et par les chrétiens d'avoir trahi sa religion et sa patrie. Le fils du prince d'Antioche, Renaud de Sidon, le jeune comte de Tibériade, avec un petit nombre de soldats, suivaient Raymond dans sa fuite, et furent les seuls qui échappèrent au désastre de cette journée si funeste au royaume de Jérusalem. »

Le surlendemain nous visitâmes la petite ville de Cana, dans laquelle Jésus-Christ, montrant la puissance qui lui avait été donnée sur toutes choses, fit son premier miracle. Elle faisait partie de la basse Galilée, dans la tribu de Zabulon. Bâtie sur le penchant d'une colline au nord de Jérusalem, des montagnes la protégent au sud et à l'occident, tandis qu'une belle vallée s'étend au nord devant elle. Les environs en sont fertiles, et l'on y cultive les arbres à fruit, la vigne, le maïs et surtout le tabac. Mais la misère des habitants, sans cesse rançonnés, contraste hideusement avec la richesse du sol.

Le champ où les disciples de Jésus-Christ furent trouvés mangeant des épis froissés dans leurs mains, un jour de sabbat, est une belle plaine située à une demi-lieue de la ville, et s'appelle encore *le champ des épis;* mais aujourd'hui il est inculte et couvert en grande partie de buissons. Les pharisiens reprochaient aux apôtres de manger quelques grains de blé; ce qui leur attira cette réponse de Jésus-Christ : « C'est la miséricorde que j'aime, et non le sacrifice.... Le Fils de l'homme est maître du sabbat même. »

Le Sauveur traversa souvent Cana, en allant soit à

Capharnaüm, soit à Sichar, ou à Béthaïde. Les noces de Cana sont très-célèbres dans le Nouveau Testament. « Le maître d'hôtel seul, ayant goûté de cette eau qui avait été changée en vin, ne savait d'où il venait. » Quelle modestie, quelle humilité dans ce récit de l'évangéliste! Il y a des auteurs qui prétendent que l'époux était l'apôtre Simon, surnommé le *Cananéen* ou le *Zélé*. Ce Simon était fils de Cléophas, frère de saint Joseph, et passait par conséquent pour un neveu de la sainte Vierge et pour cousin germain de Jésus-Christ, ou, selon la façon de parler des Juifs, pour son frère.

La maison de ces heureux époux, déjà sanctifiée par la présence du Sauveur, fut transformée par sainte Hélène en une belle église, qui est encore entière, et dont les Turcs ont fait une mosquée. Cette église, assez grande, ressemble à une salle de festin, longue d'environ quarante pas sur vingt de large. La voûte du milieu est soutenue par des colonnes ou piliers; ce qui la partage en deux nefs sans ailes; au-dessous est une chapelle où étaient les cruches et où le miracle fut opéré. Sur le portail on voit encore la figure des petites urnes où l'on avait mis l'eau qui fut changée en vin. Elles sont au nombre de trois, sculptées en bas-relief. Leur forme se rapproche de celle de nos pots à fleurs dont on orne les autels, excepté que le ventre n'est pas si rond, mais plus carré. Celle du milieu est plus grande que les deux autres. Les six cruches étaient de pierre, selon saint Jean, c'est-à-dire d'une espèce de marbre ou d'albâtre qui se creuse et se manie même au tour fort aisément, à cause de sa mollesse. Elles étaient dans un lieu séparé pour servir à la purification des Juifs et tenaient environ quatre-vingt-dix litres. On se sert encore à présent, dans ce pays, de vases de terre pour garder l'eau dans les maisons; il y en a même dont la dimension est encore plus considérable.

A l'une des portes de la ville se trouve la fontaine où l'on dit que fut puisée l'eau dont les cruches furent remplies, et qui devint, par l'ordre de Jésus-Christ aux serviteurs, changée en un vin délicieux. Cette fontaine, fort belle et fort abondante, forme un ruisseau qui coule le long du village, dont elle arrose les jardins. On descend à cette fontaine, qui est toute revêtue de pierres de taille, par des escaliers assez profonds; ce qui en rend l'eau fraîche et excellente.

Pendant notre longue absence de Nazareth, un Anglais était venu demander l'hospitalité aux bons religieux. C'était un homme bizarre et d'une exigence qu'on dit commune aux voyageurs de sa nation. Il nous parla de faire route ensemble jusqu'à Jérusalem; mon père éluda sa demande. Pour éviter sa présence importune, nous résolûmes de partir le lendemain sans l'avertir.

# III.

Gennim. — Naplouse. — L'Aga et l'Anglais. — Aventure.

Ce ne fut pas sans regret que nous nous séparâmes de nos amis. Mon père et le vénérable supérieur du couvent se donnèrent les marques réciproques du plus vif attachement : après des adieux mille fois répétés, après un échange de quelques cadeaux, sans doute pour perpétuer d'aussi touchants souvenirs, car tous les deux n'avaient plus l'espérance de se revoir en ce monde, le bon supérieur lui donna de nouveaux renseignements, d'excellents conseils, un guide, ainsi qu'une lettre pour un catholique de Gennim. Cette ville sépare la Galilée de Samarie, et l'on y arrive par une plaine dont j'ai déjà parlé, laquelle s'étend entre Nazareth et Gennim. La campagne d'Esdrelon, autrement le champ de Mageddo, la plaine de Galilée ou de Saba, faisait partie de la terre de Chanaan. Malgré l'abandon total où se trouve aujourd'hui cette féconde

vallée, le luxe spontané de ses productions justifie les
éloges qu'en font les livres saints. Le sol de Chanaan ne
mérite pas notre admiration que sous ce rapport : non-
seulement sa fertilité est passée en proverbe, mais il fut
encore le théâtre des plus hauts faits d'armes dont parle
l'Ecriture. Le voyageur même le plus indifférent ne peut,
s'il ouvre la Bible, ne pas éprouver, à l'aspect de la plaine
d'Esdrelon, l'influence de ces émotions locales qu'on attribué aux champs de Marathon. Je plains ceux qui reste-
raient de glace en foulant cette terre sacrée; nulle part
le patriotisme ne produisit plus de héros ; mais malheur
surtout aux hommes dont la foi n'est pas réchauffée par
les ruines éloquentes et prophétiques de Jérusalem !

Gennim, entourée de plusieurs collines, offre de loin
un aspect imposant et tout à fait gracieux. Mais, hélas !
le charme cesse en pénétrant dans cette ville, qui n'est
plus qu'une misérable bourgade.

Nous trouvâmes le chrétien auquel nous étions adressés
par le supérieur du couvent des Franciscains, cultivant
un petit jardin qui touchait à sa maison, très-isolée, mais
fort propre. Ce brave homme nous fit préparer un excellent repas, et, sachant qu'il se trouvait en présence d'un
général français, il nous apprit qu'il avait fait la campagne d'Egypte sous Bonaparte, dont il était grand admirateur. Il conservait précieusement une image grossière
du héros des temps modernes. L'enthousiasme de notre
hôte pour le vainqueur des Pyramides allait, si j'ose
m'exprimer ainsi, jusqu'à l'idolâtrie. Mais revenons à
Gennim. Notre hôte nous dit encore qu'il s'ennuyait beaucoup dans cette ville et qu'il avait l'intention d'aller mourir

à Nazareth, auprès de son ami le Franciscain. Il refusa le paiement de notre dépense, quelque pressantes que fussent nos prières; toutefois, il reçut avec les marques de la plus vive reconnaissance une Histoire de France par Anquetil, quatre volumes grand in-octavo, magnifiquement reliés par Delanoé.

« Seul de tous les habitants de Gennim, s'écria-t-il avec un véritable transport, je possède un tel trésor. »

Et il le serra sur-le-champ dans un coffre de bois odoriférant.

Ce trait rappelle, bien que la comparaison ne puisse avoir lieu, Alexandre renfermant les œuvres d'Homère dans une cassette de l'infortuné Darius.

Nous prîmes le lendemain congé de notre hôte, pour nous rendre à Naplouse, distante de Gennim d'environ huit lieues. Notre voyage fut très-heureux. Nous ne pouvions nous lasser d'admirer les charmants paysages qui se dessinent jusqu'à l'ancienne capitale du royaume de Samarie, ville célèbre et située dans la partie septentrionale de la tribu d'Ephraïm, et connue autrefois sous le nom de Sichem ou Sichar. Ce fut près de cette ville qu'éclata la révolte des dix tribus contre Roboam; ce fut aussi près de là qu'était le puits où Jésus-Christ rencontra et convertit la Samaritaine. Sichem est assise entre les montagnes d'Ebal et de Garizim. Ce fut sur cette dernière montagne qu'eurent lieu, d'après la tradition locale, les apprêts du sacrifice d'Isaac; c'est aussi sur son penchant que Naplouse est bâtie. Peu de villes l'emportent sur Naplouse par la beauté romantique de sa position. Elle semble s'élever au milieu de bosquets, exhalant de toutes parts les plus suaves odeurs, et où le chant des oiseaux se mêle au doux murmure d'une multitude de ruisseaux qui rafraîchissent les airs. Naplouse a d'autres titres à l'admiration universelle que le spectacle enchanteur de ses alentours ; en effet, quel est celui qui pourrait fouler avec indifférence un sol sacré si riche en souvenirs intéressants ? Les fils de Jacob faisaient paître leurs troupeaux auprès de Sichem, quand Joseph, âgé de dix-sept ans, fut vendu vingt pièces d'argent à des marchands ismaélites qui se rendaient en Egypte. Lorsque Moïse tira les Israélites de la servitude pour les conduire dans la terre promise, il confia le corps de Joseph à la tribu d'Ephraïm, qui l'enterra près de Sichem, dans un champ que Jacob avait donné en propre au fils qu'il avait tant pleuré.

La Samarie était, du temps de Jésus-Christ, la seconde province de la Palestine, et comprenait les anciens territoires de la tribu d'Ephraïm et celui que Manassé possédait en deçà du Jourdain. Elle occupait toute l'étendue, de l'orient à l'occident, comprise entre ce fleuve et la Méditerranée ; ce qui la plaçait au nord de la Judée et au sud de la Galilée, séparant ces deux provinces. C'est un pays de montagnes, mais très-fertile. Ses plaines et ses vallons sont arrosés de plusieurs ruisseaux qui contribuent à leur fécondité. Les olives surtout y surpassent en nombre les plantes des autres espèces ; les bêtes fauves et le gibier n'y sont pas rares. Les habitants de cette province n'étaient point, pour la plupart, de la race d'Abraham ; ils descendaient de plusieurs familles échappées de la captivité, et que Salmanazar avait envoyées dans le royaume des Dix-Tribus ( ce qui fit donner à Samarie le nom de métropole) pendant cette captivité. Ce sont ces nations qui s'opposèrent aux Juifs lors de la reconstruction du temple.

Leur ville capitale soutint plusieurs siéges. Les Assyriens l'attaquèrent pendant trois années consécutives, s'en emparèrent enfin, et réduisirent ses habitants à l'état de captivité. Isaïe, Ezéchiel et d'autres prophètes l'ont menacée plusieurs fois des foudres de la vengeance divine.

Les Samaritains avaient la foi du vrai Dieu; mais ils étaient schismatiques, ne s'attachant qu'aux cinq livres de Moïse ou Pentateuque samaritain. Ils étaient divisés en quatre sectes, qui ne différaient pas entre elles quant à l'essence de la loi, mais seulement quant à la solennité de leurs fêtes et à la qualité des viandes qu'ils pouvaient ou ne pouvaient pas manger. Ils n'avaient aucune communication avec les Juifs; aussi, Jésus-Christ, qui voulait ménager la délicatesse des derniers, défendit-il à ses disciples d'entrer dans les villes des Samaritains. Cependant il les avait appelés; mais ils mirent d'abord un grand obstacle à leur vocation par un refus opiniâtre et plein de mépris d'entendre la parole que Jésus-Christ leur apportait; ce ne fut que la conversion de la femme pécheresse qui les fit revenir un peu de leur prévention.

On peut consulter l'Evangile de saint Jean, et l'on comprendra l'empressement de la Samaritaine à répandre la venue du Messie.

Après la descente du Saint-Esprit sur les apôtres, le diacre Philippe alla prêcher ce peuple, et saint Pierre s'y rendit ensuite pour imposer les mains aux nouveaux convertis. Ce fut à cette occasion que Simon le Magicien voulut obtenir à prix d'argent le don des miracles. Cet

imposteur avait ébloui quelques chrétiens par ses pres-
tiges. Quoi qu'il en soit, les Samaritains, révoltés contre
la loi ancienne, n'admirent jamais bien franchement la
nouvelle; ils furent dans la suite les plus cruels persécu-
teurs des chrétiens, brûlant leurs églises, massacrant leurs
évêques, les prêtres et les fidèles de tout âge et de tout
sexe, au point que leur haine, poussée jusqu'à la furie,
alluma souvent le zèle des empereurs grecs, particulièrement de Zénon, d'Anastase et de Justinien, qui se virent
obligés de ruiner leurs villes et de donner aux chrétiens
le mont Garizim.

J'emprunte au vénérable et savant M. Sylvestre de Sacy
les renseignements qui suivent :

« La nation samaritaine, sans avoir joué un rôle bien
important sur le théâtre du monde, s'est cependant conservée jusqu'aujourd'hui; et, au milieu des bouleverse-
ments survenus dans la terre sainte, les Samaritains ont
conservé leur religion, leur langue, leurs livres sacrés et
le lieu principal de leur culte. Peut-être, avant deux ou
trois générations, disparaîtront-ils du seul lieu où quelques
familles existent encore.

« Il n'y a point aujourd'hui de Samaritains ailleurs qu'à
Naplouse et à Jaffa, quoiqu'ils croient avoir de nombreuses
colonies de leurs frères en Egypte, et particulièrement au
royaume des Francs. Il y avait autrefois des Samaritains à
Damas et à Gaza; il y en avait aussi à Ascalon et à Césarée
en Palestine, qui, suivant eux, ont été emmenés par les
Francs, il y a six cents ans, et dont l'histoire ne fait nulle
mention. Il y a cent ans qu'il ne s'en trouve plus en
Egypte.

« Le costume par lequel les Samaritains se distinguent de toutes les autres sectes ou nations, est un turban qu'ils placent toujours sur leur tête les jours de sabbat et de fête. Quand ils vont à leurs synagogues, ils portent des vêtements blancs et suivent au pied de la lettre ce qu'ils ont conservé de la loi de Moïse. Leur loi est la même ; elle renferme chez eux, comme chez les Juifs, six cent treize préceptes ; mais il y a quelque différence dans l'observation de ces préceptes.

« Les Samaritains restent ainsi séparés des Turcs, des Juifs et des chrétiens : ils ne se marient qu'entre eux. Ils occupent à Naplouse un quartier séparé, assez vaste, et qui a pris leur nom. Leurs maisons communiquent les unes aux autres. Dans l'une d'elles, au premier étage, est la synagogue. Ils sont peu fortunés et vivent de commerce, sans considération. Il y a aussi parmi eux des changeurs.

« Le premier jour de Pâques, les Samaritains célèbrent à minuit la fête du sacrifice de l'agneau, qu'ils font cuire, partagent entre les assistants, et mangent dans l'église, ne pouvant plus le faire depuis plus de vingt ans sur le mont Garizim.

« Comme les Juifs, les Samaritains attendent la venue d'un prophète qui les délivrera de l'oppression et manifestera son esprit, et ils croient avoir certains prodiges par lesquels ils le reconnaîtront, lorsqu'il se manifestera »

La ville de Samarie, tout à fait détruite, a fait la fortune de Naplouse, qui s'est enrichie de ses ruines. On ne laisse cependant pas d'y voir encore quelques colonnes, les unes debout, les autres à demi enterrées ; mais au lieu de superbes maisons et de palais magnifiques qu'elle avait autrefois, on n'y trouve que des cavernes, où les malheureux Arabes vont se loger.

Le commerce que fait Naplouse suffit pour donner aux rues principales l'aspect du mouvement et de l'activité. Bien qu'elles soient étroites et boueuses, elles n'affligent pas les regards, comme tant d'autres, par les symptômes d'une misère profonde et dégoûtante.

Cette ville a un aga très-puissant, qu'il faut, bon gré mal gré, se rendre favorable. Mon père, qui n'ignorait pas, en cette circonstance, les coutumes préliminaires de l'Orient, envoya d'abord au commandant turc deux pistolets richement ornés et quelques autres objets de bijouterie. Une demi-heure après cet envoi, un esclave vint nous prier de nous rendre au palais. L'aga nous reçut le sourire sur les lèvres et mollement assis sur des coussins, où il aspirait lentement une grande pipe, qui remplissait la chambre d'une épaisse fumée. Il engagea mon père à s'asseoir auprès de lui et l'accabla, en mauvais français, d'une foule de questions concernant les différents princes de l'Europe, s'informant surtout de leurs dispositions belliqueuses ou pacifiques, et finit par lui dire qu'il regardait comme inévitable une guerre en Orient. « Il existe en Egypte un grand homme, continua-t-il, qui fait trembler le jeune sultan ; sans l'appui de la Russie, Méhémet-Ali prendrait facilement sa place. Les vrais musulmans ne pardonneront jamais à son père tant d'innovations intempestives ; le pacha d'Egypte, au contraire, est un fidèle observateur du Coran. »

Il parla longtemps encore dans ce sens, et ne déguisa

pas même son invincible attachement au vice-roi. Il
ajouta, en finissant, qu'il ne s'était exprimé avec autant
de franchise que parce que mon père avait servi sous
Napoléon, et qu'il savait que la France ne prendrait jamais
les armes contre le régénérateur de l'Egypte.

Esuite il m'adressa la parole. D'après mes réponses,
sachant que je me destinais à la marine, il fit l'éloge de
notre flotte, citant, à ma grande surprise, nos plus beaux
triomphes sur mer, et prétendant que nous pourrions,
comme aux beaux jours du règne de Louis XIV, balancer
la puissance envahissante de l'Angleterre.

« Je n'aime pas cette nation de marchands, fit-il, et
peu s'en est fallu aujourd'hui même que je n'aie condamné
à une légère bastonnade un de ces hommes insolents et
pleins de ridicules prétentions. Tout milord qu'il est, je
ne l'aurais pas épargné, sans les courbettes que la vue du
bâton lui a fait faire. »

L'aga nous retint dans son palais, que nous quittâmes
le lendemain au lever de l'aurore. Nous suivîmes une
route fort difficile et fort triste au travers des montagnes
de Samarie; mais notre ardeur était extrême.... Il nous
tardait tant de saluer Jérusalem !

Nous avions à peine marché pendant deux heures, que
nous entendîmes soudain l'explosion de plusieurs armes
à feu. Persuadés qu'un voyageur venait d'être attaqué par
des Arabes, nous prîmes nos armes et nous courûmes
vers l'endroit d'où partaient des cris de détresse. Jugez de
notre étonnement, quand nous aperçûmes notre milord de
Nazareth aux prises avec ses guides. Son domestique était
déjà hors de combat, et les assaillants se préparaient à fuir

avec tout le bagage du malencontreux étranger. A notre subite apparition, les Arabes abandonnèrent une partie du butin et s'enfuirent précipitamment dans un bois voisin.

Milord ne savait comment nous témoigner sa reconnaissance. Mon père le mit facilement à son aise. Nous relevâmes le domestique, qui était assez grièvement blessé au bras gauche. Grâce à notre petite pharmacie portative, car, avant de nous mettre en mer, nous avions eu soin de nous munir de remèdes et d'instruments, nous pûmes panser le malheureux serviteur. Alors l'Anglais nous demanda la permission de voyager avec nous. Dans la triste position où il se trouvait, nous y consentîmes. Aux menaces qu'il ne cessait d'exprimer contre l'aga de Naplouse, nous sûmes qu'il était le héros de l'aventure de la veille.

Mais nous cessâmes bientôt de prêter attention à ses plaintes bruyantes : nous approchions de Jérusalem. Enfin, nous l'aperçûmes dans le lointain, et d'une voix unanime nous nous écriâmes : « Jérusalem ! Jérusalem ! »

Mon cœur battit avec violence, et mes yeux se remplirent de larmes, quand je vis mon vieux père ne pas éprouver une émotion moins vive à l'aspect de la ville désolée de David. Plusieurs fois, dans le cours de notre voyage, nous nous sommes trouvés sous l'empire d'un saisissement indéfinissable ; mais jamais notre sensibilité ne fut plus fortement excitée qu'en ces instants de trouble et d'angoisses indicibles.

L'illustre auteur de l'*Itinéraire à Jérusalem* s'exprime ainsi à ce sujet :

« Quand on voyage dans la Judée, d'abord un grand

ennui saisit le cœur ; mais lorsque, passant de solitude en solitude, l'espace s'étend sans bornes devant vous, peu à peu l'ennui se dissipe. On éprouve une terreur secrète, qui, loin d'abaisser l'âme, donne du courage et élève le génie. Ses aspects extraordinaires décèlent de toutes parts une terre travaillée par des miracles. Le soleil brûlant, l'aigle impétueux, le figuier stérile, toute la poésie, tous les tableaux de l'Ecriture sont là. Chaque nom renferme un mystère. Chaque grotte déclare l'avenir. Chaque sommet retentit des accents d'un prophète. Dieu même a parlé sur ces bords. »

« C'est bien là, s'écrie M. Michaud, cette cité si pâle, si triste, bâtie sur une terre montueuse, inculte et brûlée.

. . . . . . . . . . . . . . . . . . .

« Jérusalem est triste, mais sa tristesse a je ne sais quoi de mystérieux et de poétique comme les chants de ses prophètes !... »

Ecoutez maintenant M. de Lamartine :

« Sur la gauche de notre horizon , en venant de Saint-Jean-Baptiste, et environ à une lieue de nous, le soleil brillait sur une tour carrée, sur un minaret élevé et sur les larges murailles jaunes de quelques édifices qui couronnent le sommet d'une colline basse. Mais à quelques pointes de minarets, à quelques créneaux de murs plus élevés et à la cime noire et bleue de quelques dômes qui pyramidaient derrière la tour et le grand minaret, on reconnaissait une ville, dont nous ne pouvions découvrir que la partie la plus élevée et qui descendait le long des flancs de la colline ; ce ne pouvait être que Jérusalem. Nous nous en croyions plus éloignés encore, et chacun de nous, sans oser rien demander au guide, de peur de voir son illusion détruite, jouissait en silence de ce premier regard jeté à la dérobée sur la ville, et tout m'inspirait le nom de Jérusalem. C'était elle. Elle se détachait en jaune sombre et mat sur le fond bleu du firmament et sur le fond noir du mont des Oliviers. Nous arrêtâmes nos chevaux pour la contempler dans cette mystérieuse et éblouissante apparition. Chaque pas que nous avions à faire, en descendant dans les vallées profondes et sombres qui étaient sous nos pieds, allait de nouveau la dérober à nos yeux. Derrière ces hautes murailles et ces dômes abaissés de Jérusalem, une haute et large colline s'élevait en seconde ligne, plus sombre que celle qui portait et cachait la ville; cette sacrée colline bordait et terminait pour nous l'horizon : c'était la montagne des Oliviers. . . . . . . .

« Les derniers pas que l'on fait avant de découvrir Jérusalem sont creusés au milieu d'une avenue immobile et funèbre de ces rochers qui s'élèvent de dix pieds au-dessus de la tête du voyageur et ne laissent voir que la partie du ciel qui est au-dessus d'eux. Nous étions dans cette lugubre et dernière avenue ; nous y marchions depuis un quart d'heure, quand les rochers, s'écartant tout à coup à droite et à gauche, nous laissèrent face à face avec les murs de Jérusalem, auxquels nous touchions sans nous en douter. Un espace vide de quelques centaines de pas s'étendait seul entre la porte de Bethléem et nous. Cet espace aride et ondulé comme ces glacis qui entourent de loin les places fortes de l'Europe, et désolé comme eux, s'ouvrait à droite et s'y croisait en un étroit vallon qui descendait en pente douce, et à gauche il portait cinq vieux troncs d'oliviers, à demi couchés sous le poids du temps et des soleils, arbres pour ainsi dire pétrifiés comme les champs stériles d'où ils sont péniblement sortis. La porte de Bethléem, dominée par deux tours couronnées de créneaux gothiques, mais déserte et silencieuse comme ces vieilles portes de châteaux abandonnés, était ouverte devant nous. Nous restâmes quelques minutes immobiles à la contempler. . . . . . . . . .

« S'il est des lieux dans le monde qui ont la douloureuse puissance d'éveiller tout ce qu'il y a de tristesse et de deuil dans le cœur humain et de répondre à la douleur intérieure par la douleur pour ainsi dire matérielle, ce sont les lieux saints ; chaque pas qu'on y fait retentit jusqu'au fond de l'âme, comme la voix des lamentations, et chaque regard tombe sur un monument de sainte tristesse qui absorbe nos tristesses individuelles dans ces misères ineffables de l'humanité qui furent souffertes, expiées et consacrées ici. »

Quels mots pourrais-je ajouter à ces pages éloquentes ? Comment pourrais-je décrire autrement ces montagnes desséchées, stériles et sans dignité ?... Un silence complet, éternel, dans la ville, sur les chemins, dans les campagnes...., telle est Jérusalem.

Aussi ne pénétrâmes-nous qu'avec une pieuse terreur dans ces murs où un Dieu a vécu de notre vie, où un Dieu est mort de notre mort.

Après avoir trouvé une généreuse hospitalité au couvent des Franciscains, nous tombâmes à genoux et nous nous écriâmes avec un religieux transport :

« Gloire à Dieu ! Paix aux hommes de bonne volonté ! »

# IV.

La *bien-aimée* de Salomon, cette muse de l'antiquité
judaïque, la ville des prodiges, la cité sur laquelle le Seigneur avait mis toutes ses affections, a épuisé l'existence
avant le temps et n'est plus qu'un tombeau.

L'origine de Jérusalem est très-ancienne. Cette ville célèbre, dans sa plus grande étendue, était bâtie sur les
quatre monts *Sion*, *Acro*, *Moria* et *Bézétha*. Le grand
prêtre Melchisédech, qui posa les premières pierres de la
·cité sainte, 1991 ans avant la naissance de Jésus-Christ,
passe pour son fondateur. Elle porta le nom de *Salem*, qui
signifie *demeure de la paix*. Soixante ans plus tard, Jérusalem tombait au pouvoir des Jébuséens, qui prirent soin
de la fortifier et bâtirent une citadelle sur la montagne de
Sion. Alors on l'appela *Jébus*, puis *Jérusalem;* ce dernier
nom signifie *vision de paix*. A son arrivée dans la terre

promise, Josué s'empara de la ville basse, et David seul put expulser totalement les Jébuséens de la ville haute et de la forteresse. Ce grand roi en fit sa capitale et l'embellit par de superbes monuments ; mais il était réservé à Salomon d'en compléter la magnificence par le temple fameux dont les saintes Écritures nous ont laissé une description si pompeuse.

Quelques années après la mort de Salomon, Sésac, roi d'Égypte, en guerre avec Roboam, s'empare de Jérusalem et la livre au pillage ; cent cinquante ans après, elle est saccagée de nouveau par Joas, roi d'Israël, ensuite par les Assyriens ; enfin, sous le règne de Sédécias, elle devient un monceau de ruines, et l'orgueilleux Nabuchodonosor, le même qui avait enlevé tous les trésors du temple et fut plus tard, selon la prophétie de Daniel, réduit, pendant sept ans, au sort des bêtes, transporte tous les habitants de Jérusalem à Babylone. C'est ce même roi qui se fit élever une statue d'or, haute de soixante coudées, et que, malgré les ordres du tyran, Azarias, Misaël et Ananias refusèrent d'adorer. Ils furent jetés dans une fournaise ardente, d'où ils sortirent miraculeusement.

Après soixante-dix ans de captivité, Zorobabel commença à rétablir le temple et à relever Jérusalem de ses ruines. Cette grande entreprise est enfin terminée par Esdras et Néhémie.

En 3650, Alexandre le Grand entre dans la ville sainte et offre des sacrifices dans le nouveau temple. Nous voyons, après que la majesté du grand prêtre Jaddus eut apaisé la colère du vainqueur de l'Asie, Jérusalem tomber successivement au pouvoir de Ptolémée, d'Antiochus, des

Romains. Enfin, Hérode, surnommé le Grand, fils de l'Iduméen Antipater, et dont la vie n'offre que des pages de sang, sait, à force d'intrigues, se rendre maître de Jérusalem.

Ce fut sous le règne de ce prince cruel que naquit le Sauveur du monde.

Après la mort d'Agrippa, petit-fils d'Hérode le Grand, la Judée est réduite en province romaine.

Qu'il est déplorable, cet abaissement successif d'Israël ! Qu'elle est digne de compassion, cette cité que tant de rois s'étaient plu à fortifier et à embellir ! Elle voit toutes ses gloires s'éclipser les unes après les autres. Saccagée, détruite de fond en comble, elle redouble d'efforts, elle multiplie les sacrifices pour reconquérir son antique splendeur ; mais le souffle de Dieu passe sur elle, et de nouvelles fautes lui attirent de nouveaux châtiments.

Cependant sa cruelle agonie approche ; ses fils ingrats s'étaient écriés :

*Que son sang retombe sur nous et sur nos enfants !*

Paroles impies qui devaient s'accomplir à la lettre.

Les Juifs, toujours indociles et remuants, avaient lassé la patience des Romains. Néron, dans le but de les châtier, dirigea soixante mille hommes vers la Judée. Vespasien commandait cette armée.

Jérusalem devint le centre de la révolte et de toutes les factions. Cette ville rebelle eût infailliblement succombé, si la mort tragique de Néron et l'élévation de Vespasien au trône impérial n'eussent, pour le moment, écarté l'orage qui grondait sur l'enceinte déicide.

Les Juifs, loin de profiter du départ précipité du général romain pour faire les préparatifs d'une vigoureuse résistance, ne cessèrent point de s'entre-déchirer et de rendre inévitable la plus affreuse des catastrophes.

Bientôt Titus, fils de Vespasien, parut sous les murs de Jérusalem avec une nombreuse armée.

C'était un peu avant Pâques; la ville alors était pleine d'étrangers et de Juifs accourus de toutes parts; aussi une famine horrible se fit-elle sentir en peu de temps.

Je n'essaierai point de raconter les malheurs et les crimes qui eurent lieu à cette époque désastreuse; ils furent incalculables: la disette n'épargna personne, et bientôt les rues et les maisons n'offrirent plus que l'image d'un vaste tombeau. Titus devait vaincre, malgré le courage fanatique des assiégés, qui furent successivement chassés de la forteresse Antonia et du temple. La flamme dévorait déjà les galeries extérieures de ce monument célèbre, quand Titus manifesta le désir d'en conserver le corps. Mais ses ordres arrivèrent trop tard; un soldat romain, qu'une résistance si longue et si opiniâtre avait irrité au dernier point, venait de jeter dans l'enceinte sacrée un tison enflammé qui fut la cause immédiate de l'incendie. Lorsque Titus arriva, tous les secours furent inutiles.

Ce fut le 8 septembre de l'an 70 de Jésus-Christ que les Romains entrèrent triomphants dans Jérusalem, où tout devint la proie du fer et des flammes.

On assure que onze cent mille Juifs périrent dans ce siége épouvantable; quatre-vingt-dix-sept mille furent vendus; ceux qui purent échapper à la vengeance romaine trouvèrent un refuge sur la montagne de Sion.

Titus acheva de détruire ce qui restait du temple et de la ville, puis y fit passer la charrue.

Ainsi s'accomplit la prédiction de Jésus-Christ : « Du temple il ne restera pas pierre sur pierre. »

Celle de Jérémie n'est pas moins claire :

« Les vieillards de Sion se sont assis sur la poussière et demeurent muets ; ils ont couvert leur tête de cendres, et les vierges de Jérusalem pleurent, le front penché vers la terre. »

Titus, loin de se glorifier d'une telle victoire, répondit aux nations voisines qui s'empressèrent de lui envoyer des couronnes, qu'il n'avait été que l'instrument de la vengeance céleste.

A son retour à Rome, il partagea les honneurs du triomphe avec Vespasien, son père. On y porta la table, les chandeliers d'or à sept branches, plusieurs vases sacrés, ainsi que le livre de la loi. Cet ouvrage précieux fut déposé dans le palais avec les rideaux de pourpre du sanctuaire.

Il existe des médailles de Vespasien et de Titus où une femme est représentée assise au pied d'un palmier, couverte d'un grand manteau, la tête penchée et appuyée sur sa main, avec cette inscription : *La Judée captive.*

Les débris de la nation juive osèrent tenter une nouvelle révolte ; Adrien acheva de détruire ce que Titus avait épargné. Ensuite il bâtit sur les ruines de Jérusalem une ville qu'il fit appeler *Ælia-Capitolina*, de son nom *Ælius.* Vers la fin du VIIe siècle, on la désignait encore de cette manière. Les Juifs en étaient exclus sous peine de mort. Dans cette dernière guerre, on fit un grand nombre de prisonniers, qui furent vendus aux foires de Gaza et de Membré. Les vainqueurs rasèrent cinquante châteaux et neuf cent quatre-vingt-cinq bourgades. Alors la Judée devint un vaste désert.

Le paganisme avait donc usurpé la place du judaïsme : il s'y maintint jusqu'au règne glorieux de ce prince qui renversa les idoles et favorisa les lumières du christianisme. De toutes les preuves que Constantin donna de son respect pour la religion catholique, la plus éclatante est l'empressement qu'il mit à rendre les plus grands honneurs aux lieux consacrés par la présence visible de Jésus-Christ. Il forma le projet de bâtir une église magnifique à Jérusalem. Sainte Hélène, mère de ce prince, avait, comme lui, une grande dévotion pour les saints lieux. A l'âge de quatre-vingts ans, elle passa en Palestine, dévorée du désir de trouver la vraie croix. La recherche n'en était pas facile. Les païens, dans le but de faire oublier la glorieuse résurrection du Sauveur, après avoir amassé beaucoup de terre à l'endroit du sépulcre et construit une plate-forme, élevèrent, sur l'emplacement même, un temple à Vénus. Mais aucun obstacle ne put refroidir le zèle de l'auguste princesse. Elle consulta les vieillards de Jérusalem, qui lui répondirent que les instruments du supplice du Sauveur devaient se trouver auprès de son sépulcre. En effet, c'était la coutume, chez les Juifs, d'enfouir avec le corps d'un supplicié tous les objets dont on s'était servi pour accomplir le drame lugubre.

Par les ordres de l'impératrice, le temple de l'impudique Vénus fut aussitôt renversé, et l'on commença les fouilles, après que la plate-forme eut été déblayée. Enfin,

6

on découvrit la grotte du saint sépulcre, ainsi que trois croix, avec l'inscription qui avait été attachée à celle de Jésus-Christ, mais séparée du bois sacré. Plusieurs miracles éclatants firent reconnaître la véritable croix. La pieuse princesse fut au comble de la joie, quand elle se vit en possession du trésor qu'elle préférait à toutes les richesses de l'empire. Elle prit une partie de la vraie croix pour la porter à son fils ; quant à l'autre, elle la fit enfermer dans une châsse d'argent qui fut confiée à l'évêque de Jérusalem, pour être déposée dans l'église que Constantin avait donné l'ordre de bâtir sur le saint sépulcre. Cet édifice fut construit avec une magnificence digne de la sainteté des lieux. Il embrassait dans son enceinte le sépulcre et s'étendait jusqu'au mont Calvaire. Sainte Hélène fit encore élever deux autres églises : l'une à l'endroit où le Seigneur était monté au ciel, et l'autre à Bethléem, où il était né.

Environ quarante ans après cette glorieuse époque, un prince impie, Julien l'Apostat, forma le dessein de reconstruire le temple de Jérusalem, pour démentir la prédiction de Jésus-Christ, qui avait déclaré que cet édifice ne se relèverait jamais de ses ruines. Julien, aveuglé par la passion, fit venir les plus habiles ouvriers de toutes les contrées et chargea Alypius, l'un de ses officiers les plus dévoués, de surveiller cette multitude et de hâter les travaux. Les Juifs, à cette nouvelle, accoururent de toutes les parties du monde à Jérusalem ; ivres de joie et persuadés qu'on allait rétablir le royaume d'Israël, ils insultaient aux chrétiens.

On fit disparaître facilement les derniers vestiges du

temple de Salomon, au point que, selon les paroles de
Notre-Seigneur, il ne resta pas pierre sur pierre. On
creusa de même les nouveaux fondements ; mais dès
qu'on eut posé les premières pierres, la terre trembla et
les rejeta. Des tourbillons de vent emportèrent le sable,
la chaux et tous les autres matériaux. Mais ce qu'il y eut
de plus terrible, ce furent des globes de feu qui, sortant
de dessous terre et roulant avec rapidité sur eux-mêmes,
renversèrent les ouvriers et les réduisirent en poudre.
Beaucoup de Juifs périrent dans cette circonstance. Ceux
qui ne furent point atteints par les flammes aperçurent, la
nuit, sur leurs vêtements des croix si bien empreintes,
que tous leurs efforts pour les faire disparaître furent inutiles. On vit aussi dans les airs, depuis le Calvaire jusqu'à
la montagne des Oliviers, une croix lumineuse. Les Juifs
n'en retournèrent pas moins au travail, mais toujours au
péril de leur vie ; de sorte que plusieurs d'entre eux con-
fessèrent la divinité de Jésus-Christ et demandèrent le
baptême. Ce prodige est rapporté non-seulement par tous
les écrivains ecclésiastiques, mais par les idolâtres eux-
mêmes, et surtout par A. Marcellin, grand admirateur de
Julien l'Apostat. Saint Grégoire de Nazianze, saint Am-
broise en ont parlé, peu d'années après, en présence d'une
multitude d'auditeurs, auxquels ils rappelaient ce miraculeux événement comme à des témoins oculaires. Enfin,
saint Jean Chrysostôme rapporte que, de son temps, on
voyait encore tout ouvertes les fondations creusées par
les Juifs, et qu'elles étaient là comme une preuve in-
contestable des efforts impuissants d'une aveugle impiété.

Newton, Mosheim, Warburton et une foule d'autres
écrivains modernes ont approfondi ce fait extraordinaire,
dont ils ont constaté les preuves irréfragables.

En 613, les Perses, sous la conduite de leur roi Chosroës, envahirent la Palestine et traversèrent le Jourdain.
Les rives de ce fleuve, dans toute l'étendue de son cours,
furent couvertes de ruines. Les habitants des campagnes
avaient pris la fuite ; mais les solitaires qui ne voulaient
point abandonner leurs cellules souffrirent d'abord de
cruelles tortures et furent enfin tous massacrés. L'armée
marcha ensuite sur Jérusalem. La terreur la précédait ;
aussi y fit-elle son entrée sans la moindre résistance. La
garnison, les citoyens, non moins frappés d'épouvante les
uns que les autres, avaient déserté la ville. Les Perses y
mirent tout à feu et à sang ; un grand nombre de prêtres
et de religieux périrent pour leur sainte religion. Le reste
des habitants, hommes, femmes, enfants, furent chargés
de fer et traînés au delà du Tigre, fleuve d'Asie, l'un des
quatre qui avaient leur source dans le paradis terrestre.
Les Juifs seuls furent épargnés, à cause de la haine implacable qu'ils portaient aux chrétiens ; ils poussèrent même
leur rage plus loin que les païens. Ces forcenés achetèrent
des Perses autant de captifs qu'ils purent et les firent
mourir dans les plus cruels tourments. On porte à quatre-
vingt mille le nombre de ces dernières victimes.

L'évêque Zacharie fut emmené captif. Les églises de
Jérusalem, après avoir été pillées, devinrent la proie des
flammes. On enleva les vases sacrés et les richesses immenses que la piété des fidèles avait accumulées dans ces
saints lieux ; mais la perte la plus sensible aux chrétiens

fut celle de la vraie croix. Les Perses l'emportèrent dans l'état où ils la trouvèrent, c'est-à-dire enfermée dans un étui, revêtu du sceau de l'évêque. On sauva cependant l'éponge qui avait été présentée à Jésus-Christ étendu sur la croix, et la lance qui lui avait percé le côté. Un officier de l'empereur, moyennant une grosse somme d'argent, retira ces deux précieuses reliques des mains d'un Perse. Il les fit porter à Constantinople, où elles furent exposées pendant quatre jours.

L'empereur Héraclius fit demander la paix à Chosroës, qui la lui refusa. Alors, ne mettant plus sa confiance qu'en Dieu, il rassembla des troupes, auxquelles il adressa une harangue pleine de chaleur, puis marcha vers son adversaire, enflé d'orgueil, qu'il mit complétement en déroute. Dès lors la face des affaires changea. Le fils de Chosroës, s'étant révolté contre son père, qui mourut sur ces entrefaites, avait besoin de la paix et la proposa presque aussitôt à l'empereur Héraclius. Le nouveau roi des Perses renvoya tous les prisonniers chrétiens, entre autres le patriarche Zacharie, avec la sainte croix qui avait été enlevée quatorze ans auparavant. Elle était restée dans son étui, et les Perses n'avaient pas même eu la curiosité d'en rompre le sceau, qui fut trouvé intact et reconnu par le patriarche. La précieuse relique fut remise entre ses mains, sans avoir éprouvé de profanation, preuve évidente de la protection divine. L'empereur fit son entrée dans Constantinople avec tout l'appareil d'un triomphe ; il était monté sur un char attelé de quatre éléphants, et le plus glorieux trophée de ses victoires, la sainte croix, était religieusement porté devant lui.

Aux premiers jours du printemps, Héraclius partit pour
Jérusalem, afin de rendre grâces à Dieu et de replacer la
sainte croix dans l'église de la Résurrection. Ce pieux monarque voulut marcher sur les traces du Sauveur et porter
lui-même la croix sur ses épaules jusqu'au sommet du
Calvaire. Ce fut pour tous les chrétiens une fête solennelle, dont l'Église célèbre encore la mémoire le 14 septembre. Neuf ans plus tard, le calife Omar, troisième
successeur de Mahomet, s'empara de Jérusalem. Ce
prince fut assassiné en 643. D'affreuses calamités pesèrent
sur la Syrie et la Palestine. Durant deux siècles ces contrées furent inondées de sang. Les califes fatimites possé-
daient la cité sainte, lorsque de généreux chrétiens, accourus de l'Europe, tentèrent la délivrance des lieux où
était né le Sauveur.

On a beaucoup blâmé les croisades ; écoutons l'illustre
de Chateaubriand :

« Les croisades, dit-il, ne furent point des folies,
comme on affectait de les appeler, ni dans leurs prin-
cipes, ni dans leurs résultats. Si les sujets d'Omar, partis
de Jérusalem, après avoir fait le tour de l'Afrique, fondirent sur la Sicile, sur l'Espagne, sur la France même, où
Charles-Martel les extermina, pourquoi les sujets de Philippe Ier, sortis de la France, n'auraient-ils pas fait le tour
de l'Asie, pour se venger des descendants d'Omar jusque
dans Jérusalem ? N'apercevoir dans les croisades que des
pèlerins armés qui courent délivrer un tombeau en Palestine, c'est montrer une vue très-bornée en histoire. Il
s'agissait non-seulement de la délivrance de ce tombeau
sacré, mais encore de savoir qui devait l'emporter sur la

terre, ou d'un culte ennemi de la civilisation, favorable par système à l'ignorance, au despotisme, à l'esclavage, ou d'un culte qui a fait revivre chez les modernes le génie de la docte antiquité et a aboli la servitude.

« L'esprit du mahométisme est la persécution et la conquête; l'Évangile, au contraire, ne prêche que la tolérance et la paix. Où en serions-nous, si nos pères n'eussent repoussé la force par la force? Que l'on contemple la Grèce, et l'on apprendra ce que devient un peuple sous le joug des musulmans. Ceux qui s'applaudissent aujourd'hui du progrès des lumières auraient-ils donc voulu voir régner parmi nous une religion qui a brûlé la bibliothèque d'Alexandrie, qui se fait un mérite de fouler aux pieds les hommes, de mépriser souverainement les lettres et les arts?

« Le temps de ces expéditions est le temps héroïque de notre histoire : c'est celui qui a donné naissance à notre poésie épique. Tout ce qui répand du merveilleux sur une nation ne doit point être méprisé par cette nation même. On voudrait en vain se le dissimuler, il y a quelque chose dans notre cœur qui nous fait aimer la gloire; l'homme ne se compose pas absolument de calculs positifs pour son bien et pour son mal : ce serait trop le ravaler; c'est en entretenant les Romains de l'éternité de leur ville qu'on les a amenés à la conquête du monde et qu'on leur a fait laisser dans l'histoire un nom éternel. »

La première croisade eut un grand succès. Godefroy de Bouillon, duc de Brabant, parut, le 7 juin 1099, devant Jérusalem, à la tête d'une armée pleine de zèle et de confiance. Pierre l'Ermite marchait en tête, un bâton de pèlerin à la main.

Le siége ne dura que cinq semaines ; les efforts des croisés furent tels, qu'ils prirent Jérusalem le vendredi 15 juillet, à trois heures après midi. On remarqua que c'était le jour et l'heure de la mort de Jésus-Christ.

Le duc Godefroy de Bouillon entra le premier dans la ville, avec son frère Eustache ; ensuite le comte de Toulouse, suivi de toute l'armée. On fit main basse sur les Turcs, dont la ville était remplie ; le massacre fut grand.

Dès qu'on eut arrêté la fureur des soldats, les croisés quittèrent leurs armes pour aller visiter les saints lieux, et particulièrement le sépulcre de Jésus-Christ. Ils furent reçus par le clergé et par le peuple de la ville, c'est-à-dire par le petit nombre de chrétiens qui étaient restés dans Jérusalem. Après avoir rendu mille actions de grâces au Tout-Puissant, ils allèrent au-devant des seigneurs français, avec les croix et les reliques. Ils conduisirent ces derniers dans l'église, en chantant des hymnes. Huit jours après la conquête, les seigneurs s'assemblèrent pour élire l'un d'entre eux roi de Jérusalem. Le choix tomba sur Godefroy de Bouillon, bien qu'il y eût des princes d'une plus haute naissance ; mais nul n'était aussi recommandable par sa valeur et par sa piété.

Le nouveau monarque ne voulut jamais porter une couronne d'or dans la ville où le Sauveur du monde en avait porté une d'épines. Il eut soin, dans les premiers jours de son règne, d'établir le service divin. Il fonda un chapitre de chancines dans l'église du Saint-Sépulcre, et un autre dans la grande mosquée des musulmans, que le

calife Omar avait élevée sur l'emplacement de l'ancien
temple des Juifs. Elle était revêtue de marbre au dedans
et au dehors. On y trouva un grand nombre de lampes
d'or, d'argent, et des richesses immenses.

Le nouveau royaume de Jérusalem était peu considérable. Après que les seigneurs croisés se furent retirés,
Godefroy n'avait guère que deux mille hommes de pied et
trois cents chevaux. Les villes qui lui appartenaient
étaient séparées par des places ennemies qui rendaient
toutes les communications très-dangereuses. Cependant
ce faible royaume, entravé de toutes parts, subsista
quatre-vingt-huit ans.

Godefroy ne régna qu'une année. Le XIIᵉ siècle était à
peine commencé quand il mourut. Son corps fut déposé
dans l'église du Saint-Sépulcre, où son successeur obtint
le même privilége.

Voici l'épitaphe du premier roi chrétien à Jérusalem :
*Hic jacet inclytus dux Godefridus de Bouillon, qui totam
istam terram acquisivit cultui christiano. Cujus anima cum
Christo requiescat. Amen.*

« Ici repose un guerrier célèbre, Godefroy de Bouillon,
qui sut faire triompher la religion du Christ dans toute
cette contrée. Que son âme repose avec Jésus-Christ.
Ainsi soit-il. »

Cependant un ennemi redoutable s'annonçait dans
l'Orient. Le puissant Saladin, après de nombreux combats contre les chrétiens, avait forcé la ville de Jérusalem
à capituler, le 2 octobre 1187. Le patriarche Héraclius
enleva tous les ornements de son église, l'argenterie du
saint sépulcre, les lames d'or et d'argent dont il était

couvert, et plus de 200,000 écus d'or. Les officiers du
sultan voulurent s'y opposer, disant que la capitulation ne
permettait pas d'emporter les biens des particuliers. « Il
est vrai, dit Saladin, que l'on pourrait contester sur cet
article ; mais il ne faut pas donner aux chrétiens un sujet
de plainte. » Jamais prince ne fut plus esclave de sa parole
et plus libéral. Il traita le patriarche avec beaucoup d'é-
gards, ainsi que la femme de Guy de Lusignan, et leur
permit de se retirer où ils voudraient. Il déchargea plusieurs milliers de pauvres de la taxe portée par la capitulation, et fit même tirer de ses trésors de quoi fournir aux
besoins des malades. De plus, il ne s'opposa point à laisser dix des chevaliers de Saint-Jean pour qu'ils soi-
gnassent ou pansassent leurs compagnons atteints de maladie ou dangereusement blessés. Cette permission avait
été accordée pour un an. Malgré son attachement à la religion de Mahomet, il rendit généreusement l'église du
Saint-Sépulcre aux chrétiens orientaux ; mais il exigea
que les pèlerins se présentassent sans armes et qu'ils
fussent soumis à certains droits.

En 1242, l'émir de Damas armait contre Nedjemnin,
sultan d'Égypte, et s'emparait de Jérusalem, qu'il remit
aux princes latins ; mais ces derniers ne la conservèrent
que peu de temps. Les efforts de Richard d'Angleterre,
de Philippe-Auguste de France, de Frédéric Barberousse
d'Allemagne et de saint Louis, ne purent sauver la Palestine. Elle fut perdue en 1291.

Jérusalem s'appelle en arabe *El-Kouds*, ou *Beïet-el-
Mukaddes*, en latin *Hierosolyma* ; aujourd'hui, ville de la
Turquie d'Asie, pachalik de Damas, chef-lieu de sand-

jiak, siége d'un mollah de première classe, d'un patriarche arménien, et résidence du chef des couvents catholiques en Syrie.

Les maisons, carrées en général et bâties en pierre, ont deux ou trois étages et des toits plats formant terrasse; elles ne reçoivent le jour que par une petite porte et quelques petites fenêtres grillées en bois; quelques-unes ont de chétives boutiques ainsi que des jardins. Il n'existe qu'une seule fontaine, appelée la source de Rhemias; l'eau de citerne supplée aux besoins des habitants. Il y a des bains, des khans, de grands bazars et plusieurs hôpitaux.

L'industrie des habitants est principalement appliquée à la fabrication d'un grand nombre de reliques et d'autres objets de dévotion; ils confectionnent aussi quelques étoffes de soie et tissus de coton, et vendent beaucoup de baume; leur aisance provient principalement du pèlerinage des chrétiens. Suivant Ali-Bey, ces habitants sont au nombre de trente mille, dont vingt mille chrétiens, sept mille musulmans, et le reste juifs. D'autres auteurs portent la population de Jérusalem à vingt mille individus, dont cinq mille chrétiens, cinq mille Turcs ou Arabes et dix mille juifs. Ainsi, les données à cet égard sont assez incertaines.

# V.

L'église et le couvent grecs sont près du saint sépulcre ; l'église arménienne occupe l'emplacement de la maison du grand prêtre Anne ; l'église syrienne, celui de la maison de Marie, mère de saint Jean. Au nombre des couvents se trouve celui de Saint-Sauveur, où résident environ quarante religieux espagnols, de l'ordre de Saint-François, et entre les mains desquels est le gouvernement spirituel et temporel de tous les couvents catholiques de la terre sainte ; il renferme un grand nombre de chambres pour les pèlerins, une belle pharmacie, une bibliothèque. C'est un séjour fort calme et fort agréable. Nous y trouvâmes, comme dans toutes les maisons religieuses qui nous avaient accueillis, une touchante hospitalité et les soins les plus assidus. Bien que la sensualité soit bannie de cette table modeste, les mets en sont bons et parfaitement apprêtés. Mais les religieux vivent plus simple-

ment que les voyageurs ; une grande sobriété règne dans
tous les couvents de la Palestine ; les chambres, modes-
tement meublées, n'en sont pas moins commodes et tenues
très-proprement. Voilà des observations qui surprendront
peut-être mes jeunes lecteurs ; aussi dois-je leur avouer
qu'en arrivant à Jérusalem je mourais de faim et que
j'étais rendu de fatigue. Après un repas confortable, je
goûtai toutes les douceurs du repos et je pus réparer mes
forces épuisées. C'est le souvenir d'un événement commun
à la plupart des voyageurs qui m'a fait faire cette petite
digression.

On compte à Jérusalem quinze églises chrétiennes,
dont la principale est celle du Saint-Sépulcre, édifice
très-irrégulier qui couvre le Calvaire, monticule situé au
milieu de la ville. La façade est un mélange de style mo-
resque et d'architecture gothique. A côté est une tour
carrée, privée de ses cloches et rasée à la hauteur de
l'église, depuis que Jérusalem est au pouvoir des Turcs.
Le dôme, qui avait été brûlé le 12 octobre 1808, fut rebâti
six mois après, sur les dessins d'un architecte grec de
Constantinople. Cette coupole en pierre, enduite de stuc
et ouverte comme celle du Panthéon, à Rome, est appuyée
sur trente-six pilastres massifs, séparés chacun par une
arcade qui forme une tribune circulaire, laquelle est
partagée entre les diverses communions admises dans cette
basilique.

L'église du Saint-Sépulcre , composée de plusieurs
églises, est éclairée par une multitude de lampes ; il y
règne une obscurité mystérieuse qui plonge l'âme dans
un recueillement profond. A toutes les heures du jour et

de la nuit, le haut des arcades, le fond des chapelles et des souterrains retentissent d'armonieux cantiques. L'orgue du religieux latin, les cymbales du prêtre abyssin, la voix du caloyer grec, la prière du solitaire arménien, l'espèce de plainte du moine cophte frappent tour à tour ou tout à la fois votre oreille; vous ne savez d'où partent ces concerts; vous respirez l'odeur de l'encens sans apercevoir la main qui le brûle; seulement vous voyez passer, s'enfoncer derrière des colonnes, se perdre dans l'ombre du temple, le pontife qui va célébrer les plus redoutables mystères aux lieux mêmes où ils se sont accomplis.

L'intérieur de la coupole, qui renferme le tombeau de Notre-Seigneur, est celui d'un mausolée magnifique que recouvre une riche tapisserie, ornée de larges feuilles brodées en soie, à raies d'or. Le vestibule est tendu en soie cramoisie, garnie de fleurs. Sur un trépied est placée la pierre où l'on croit que l'ange s'est assis. La surface n'a qu'une palme et demie de long et une de large. Précisément à l'endroit où le corps fut déposé, on admire une petite peinture de la Résurrection. C'est une œuvre parfaite. L'entrée du tombeau regardait l'Orient. Pour perpétuer la mémoire du lieu où l'ange apparut aux deux Marie, on a élevé une petite chapelle qui est située vis-à-vis de l'ouverture du sépulcre. Derrière se trouve le caveau où Jésus fut enseveli : il est presque carré, à peine long et large de six pieds; on en compte huit de hauteur. Le tout est revêtu de marbre et tendu de soie couleur d'azur.

A l'orient du saint sépulcre, dans une assez belle nef, est le lieu où Notre-Seigneur apparut à sainte Madeleine, sous le costume de jardinier. Un peu plus loin est l'endroit où il vint parler à sa sainte mère.

L'enceinte de l'église, contenant une grande partie de la montagne du Calvaire, renferme le lieu où le Sauveur fut crucifié et celui où ses vêtements furent tirés au sort. L'église du Saint-Sépulcre, destinée à embrasser les divers endroits consacrés par les souffrances de Jésus-Christ, a dû nécessairement être bâtie avec beaucoup d'irrégularité. Ainsi, la place où la croix fut élevée a été conservée sans qu'on ait abaissé le terrain. Les hauteurs voisines ont seules été un peu aplanies, pour qu'elles pussent être pavées en marbre. On monte vingt-deux degrés avant d'arriver à l'autel grec, au-dessous duquel est plantée la croix. Cet autel, creusé dans le roc, est d'une grande richesse. Il est revêtu de grosses larmes d'argent et orné de bas-reliefs représentant la Passion. Treize lampes au milieu des parfums illuminent nuit et jour ce lieu révéré ; l'air qu'on y respire est tiède et embaumé. Nous nous y arrêtâmes longtemps, comme si une puissance irrésistible nous eût rendus immobiles. Je ne puis encore définir les impressions que j'éprouvais dans cette enceinte qui fut le sépulcre du vieux monde et le berceau du monde nouveau. Nul lieu ici-bas ne réveille tant de souvenirs solennels. Mais, incapable de peindre dignement ce qu'il y a de plus grand et de plus mystérieux dans notre religion, je transcris l'auteur des *Méditations* et des *Harmonies* :

« J'entrai à mon tour, et le dernier, dans le Saint-Sépulcre, l'esprit assiégé de ces idées immenses, le cœur ému d'impressions plus intimes qui restent mystère entre l'homme et son âme, entre l'insecte pensant et le Créateur. Ces impressions ne s'écrivent point ; elles s'exhalent avec

la fumée des lampes pieuses, avec les parfums des encen-
soirs, avec le murmure vague et confus des soupirs ; elles
tombent avec les larmes qui viennent aux yeux, au souvenir des premiers noms que nous avons balbutiés dans
notre enfance, du père et de la mère qui nous les ont en-
seignés, des frères, des sœurs, des amis avec lesquels
nous les avons murmurés. Toutes les impressions pieuses
qui ont ramené notre âme à toutes les époques de la vie,
toutes les prières qui sont sorties de notre cœur et de
nos lèvres au nom de celui qui nous apprit à prier
son Père et le nôtre ; toutes les joies, toutes les tristesses
de la pensée, dont ces prières furent le langage, se
réveillent au fond de l'âme et produisent, par leur reten-
tissement, par leur confusion, cet éblouissement de l'intelligence, cet attendrissement du cœur qui ne recherchent
point de paroles, mais qui se résolvent dans des yeux
mouillés, dans une poitrine oppressée, dans un front qui
s'incline et dans une bouche qui se colle silencieusement
sur la pierre du sépulcre. Je restai longtemps ainsi, priant
le ciel, le Père, là, dans le lieu même où la plus belle des
prières monta pour la première fois vers le ciel ; priant
pour mon père ici-bas, pour ma mère dans un autre
monde, pour tous ceux qui sont ou ne sont plus, mais
avec qui le lien invisible n'est jamais rompu. La communion de l'amour existe toujours ; le nom de tous les êtres
que j'ai connus, aimés, dont j'ai été aimé, passa de mes
lèvres sur la pierre du saint sépulcre. Je ne priai qu'a-
près pour moi-même ; ma prière fut ardente et forte ; je
demandai de la vérité et du courage devant le tombeau de
celui qui jeta le plus de vérité dans ce monde et mourut

avec le plus de dévouement à cette vérité dont Dieu
l'avait fait verbe ; je me souviendrai à jamais des paroles
que je murmurai dans cette heure de crise pour ma vie
morale. Peut-être fus-je exaucé : une grande lumière de
raison et de conviction se répandit dans mon intelligence
et sépara plus clairement le jour des ténèbres, les erreurs
des vérités. Il y a des moments dans la vie où les pensées
de l'homme, longtemps vagues et douteuses, et flottantes
comme des flots sans lit, finissent par toucher au rivage,
où elles se brisent et reviennent sur elles-mêmes avec des
formes nouvelles et un courant contraire à celui qui les a
poussées jusque-là. Ce fut là pour moi un de ces moments;
celui qui sonde les pensées et les cœurs le sait.... »

Ensuite nous visitâmes le lieu où sainte Hélène découvrit la croix, la couronne d'épines et la lance qui perça le
côté de Notre-Seigneur.

Je ne dois pas non plus passer sous silence une chapelle
consacrée au culte catholique et qui termine la nef située
à l'orient du saint sépulcre : elle est simplement ornée,
mais riche d'un objet bien précieux, du poteau où Jésus-
Christ fut attaché, pour être battu de verges. Le tombeau
de Godefroy n'existe plus. Nous vîmes son épée, qu'on
tient en réserve dans un coffre de la sacristie. Les soldats
d'aujourd'hui la trouveraient un peu lourde à leur poing.
Elle a plus de trois pieds de long, y compris la poignée,
dont la garde se recourbe en arrière. C'est une lame
droite, à deux tranchants, qui finit brusquement, comme
les vieux cimeterres.

On sait que chaque communion chrétienne possède ici
ses autels. Les catholiques ont, outre la chapelle dont

je viens de parler, l'autel du Sépulcre ; les Arméniens jouissent aussi du lieu où se célèbrent leurs offices ; mais les Grecs sont en possession des endroits les plus remarquables. On les accuse, ainsi que les Arméniens, d'avoir mis le feu au dôme circulaire au milieu duquel se trouve placée la chapelle du Saint-Sépulcre. Les Grecs et les Arméniens furent seuls en état de supporter les dépenses occasionnées par cet incendie ; aussi profitent-ils de cette circonstance pour disputer de plus en plus aux catholiques latins la possession du saint sépulcre. Ce malheureux événement est ainsi raconté par D. Géramb :

« La matinée du 12 octobre fut affreuse ; à ce souvenir, un cri de douleur s'échappe même des cœurs les plus indifférents, les plus endurcis. Les catholiques, les schismatiques, les hérétiques sont dans l'affliction ; les Orientaux, les Occidentaux pleurent, les Juifs même versent des larmes ; il n'y a personne dans la cité sainte, de quelque nation qu'il soit, qui ne partage la douleur et la consternation générales.

« Le feu se manifesta d'abord dans la chapelle des Arméniens, située sur la terrasse de la grande église du Saint-Sépulcre. L'aide-sacristain des religieux de Saint-François, qui allait visiter les lampes et la chapelle du Calvaire, fut le premier à s'en apercevoir ; et comme il ne se trouvait là qu'un pauvre prêtre arménien, vieillard dont la vue du feu avait altéré la raison, il courut chercher du secours. Mais la rapidité de la flamme les rendit inutiles ; lorsqu'on arriva, elle avait déjà embrasé la chapelle des Arméniens, même leur habitation, ainsi que celle des Grecs, dont une partie était construite en bois sec et peinte à l'huile.

« Les pères franciscains, après l'office de minuit, étaient allés se reposer. Réveillés par le bruit étrange qu'ils entendent dans la grande église, ils se lèvent à la hâte... Quelle est leur épouvante !... Malgré mille dangers, ils volent au feu.... La porte est fermée ; et ce qui met le comble à leur désespoir, c'est que, peu d'instants après, les flammes qui sortent et du côté des Grecs et des Arméniens, et du côté des Syriens, des Messéniens et des Cophtes, menacent la coupole du grand temple, construite avec d'énormes poutres couvertes de plomb et élevées perpendiculairement sur le monument dans lequel se trouve le très-saint sépulcre. Ces poutres avaient été amenées à grands frais du mont Liban, au commencement du siècle passé, lorsque les princes chrétiens firent élever ce dôme, véritable chef-d'œuvre par la hauteur et par la hardiesse de sa construction. Tous ont fui.... Les pères franciscains, restés seuls et privés d'instruments nécessaires, tâchent de passer par une petite fenêtre pour aller avertir les religieux du monastère de Saint-Sauveur et les ministres du gouvernement turc. Dans l'intervalle, les jeunes Arabes catholiques s'élancent du dehors à l'intérieur et bravent les flammes pour sauver, s'il se peut, quelques objets ; mais en ce moment le feu gagne le dôme, les autels de la sainte Vierge, l'orgue ; l'église ressemble à une fournaise. Bientôt les pilastres s'écroulent avec fracas, et avec ceux-ci les arcades et les colonnes qui entourent le saint sépulcre ; il est inondé d'une pluie de plomb. Ce feu est tel, que les plus grosses colonnes de marbre se fendent ; il en est de même des pavés et du marbre qui recouvrent le monument. Enfin, entre cinq et six heures, le grand dôme tombe avec un fracas épouvantable, entraîne toutes les grosses colonnes et les pilastres qui soutenaient encore la galerie des Grecs, ainsi que les habitations des Turcs près du dôme.

« Le très-saint sépulcre se trouve enseveli sous une montagne de feu qui semble devoir l'anéantir à jamais ; l'église offre le spectacle d'un volcan en fureur.

« Après le récit d'une si grande infortune, je suis heureux de pouvoir consoler votre piété, en vous racontant les merveilles de l'assistance divine en faveur des religieux de Saint-François.

« Le feu, ayant atteint la porte de bois qui sépare l'autel de Marie-Madeleine de la chapelle du chœur de la grande église, a respecté la sacristie et tous les objets qu'elle contient ; rien n'a souffert, et le petit monastère de ces vénérables pères, les cellules qu'il renferme, non plus que la chapelle, n'ont pas reçu la moindre atteinte.

« Aucun marbre de l'endroit où Jésus-Christ, après sa résurrection, apparut à Marie-Madeleine, n'a été endommagé, quoique le feu fût très-actif de ce côté, qu'il eût brûlé l'orgue, brisé et calciné le marbre qui l'entourait.

« Celle des chapelles du Saint-Sépulcre qui est desservie par les Franciscains, quoique placée sous le dôme, et par conséquent au centre du feu, et ensevelie dans les flammes, n'a point eu de mal dans son intérieur : on a retrouvé les soieries qui l'ornaient, et même les cordons des lampes ; l'excellent tableau sur toile de la Résurrection, qui ferme le très-saint sépulcre, était intact, quoique la chapelle de Notre-Dame des Douleurs, des Cophtes, qui touchait au monument, ait été réduite en cendres.

« La chapelle de l'Ange, qui est à l'entrée du très-saint sépulcre, n'a eu de brûlé que la moitié du velours qui lui servait d'ornement ; les murs et le pavé n'ont reçu aucun dommage.

« A la chapelle du Calvaire, on a pu sauver intacte la statue de la sainte Vierge des Douleurs qui se trouvait entre l'autel de la Purification et celui de l'Exaltation de la Croix. Cette statue est un don du roi de Portugal.

« L'endroit où Notre-Seigneur fut crucifié appartient aux catholiques ; il a été peu endommagé. On ne peut en dire autant de celui où fut élevée la croix, et dont les Grecs sont en possession. Ce qu'il y a de plus remarquable, c'est que, malgré le violent orage qui soufflait, malgré le voisinage d'une fenêtre qui pouvait favoriser les ravages de l'incendie, la chapelle contiguë au dehors de Notre-Dame des Douleurs, n'a aucun mal.

« Cette chapelle, bâtie au lieu où se trouvait la sainte Vierge avec les autres Marie, lorsque les Juifs attachaient son fils à la croix, est restée intacte, et le tableau qui la représente, quoique si près du feu, est également demeuré sans atteinte.

« A six heures, la violence du feu commença à se calmer, et à neuf il n'était plus dangereux ni menaçant.

« Le jour suivant, lorsque l'on put enlever les décombres, on s'aperçut avec un nouvel étonnement que la sainte pierre qui couvre celle de l'Onction, et que l'on croyait calcinée, n'avait pas souffert. Personne n'a péri ; quelques frères ont été blessés.

« Comme la foi du chrétien renaît plus forte et plus vive après de grands malheurs, le lendemain, les pères

de Saint-François allèrent au saint sépulcre dire leur cha-
pelet, que les sanglots ne leur permirent pas d'achever.
Le 14, ils y célébrèrent le saint sacrifice de la messe ;
malgré les ruines dont ils étaient entourés, ils n'inter-
rompirent en rien leurs offices, leurs processions accou-
tumées ; ils marchaient sur les décombres et n'en chan-
taient pas moins les louanges du Seigneur. »

Le lendemain de notre visite au Saint-Sépulcre, nous
nous rendîmes à la montagne des Oliviers. Nous suivîmes
lentement et dans un religieux silence *la voie douloureuse*
que Notre-Seigneur parcourut, lorsqu'il fut conduit de la
prison au mont Calvaire. Les murs extérieurs de l'ancienne
habitation de Pilate sont situés sur ce chemin ; il en reste
peu de chose : l'endroit où le Sauveur fut flagellé est aujourd'hui une cour en ruines. Ce fut sur une éminence
voisine que le gouverneur présenta l'auguste prisonnier
aux Juifs assemblés. On nous fit aussi remarquer l'endroit
où Jésus-Christ tomba affaissé sous le poids de l'instrument de son supplice. Nous visitâmes ensuite l'étang de
Salomon ou la piscine d'Israël, qu'un ange venait troubler
à des temps marqués. Cet étang touche à l'enceinte qui
renferme la mosquée d'Omar ; il était d'un volume considérable. En descendant au torrent de Cédron, qui coule à
travers la vallée de Josaphat, au pied de la montagne,
nous traversâmes le lieu où saint Etienne fut lapidé. Le
champ de Gethsémani, où le Sauveur pria dans une agonie
douloureuse, et qui fut témoin de la trahison de Judas, ne
piqua pas moins vivement notre pieuse curiosité. Au sud-
est, à une grande distance du sommet de la montagne, on
voit la grotte où les apôtres se réunirent pour composer le

symbole qui porte leur nom. C'est une retraite souterraine peu remarquable, mais qu'on révère comme ayant servi d'asile à ceux qui devaient répandre la foi par tout le monde et renverser le culte honteux des idoles.

A ce sujet, l'illustre auteur de l'*Itinéraire à Jérusalem* fait les réflexions suivantes : « Tandis que le monde entier adorait, à la face du soleil, mille divinités honteuses, douze pêcheurs, cachés dans les entrailles de la terre, dressaient la profession de foi du genre humain, en reconnaissant l'unité de Dieu, créateur de ces astres, à la lumière desquels on n'osait encore proclamer son existence. Si quelque Romain de la cour d'Auguste, passant auprès de ce souterrain, eût aperçu les douze Juifs qui composaient cette œuvre sublime, quel mépris il eût témoigné pour cette troupe superstitieuse ! avec quel dédain il eût parlé de ces premiers fidèles ! Et pourtant ils allaient renverser les temples de ce Romain, détruire la religion de ses pères, changer les lois, la politique, la morale, la raison, et jusqu'aux pensées des hommes. »

En France et dans toute la chrétienté, nous avons essayé d'imiter, autant que les localités le comportaient, le Calvaire et le Saint-Sépulcre. Depuis le pied d'un mont plus ou moins considérable, l'on a construit des chapelles ornées de peintures destinées à reproduire les traits principaux de la Passion ; le clergé, accompagné des fidèles, suit la croix, notre étendard, chante les litanies composées sur ce sujet douloureux, s'arrête aux diverses stations dont la sainte Vierge, selon une pieuse tradition, donna la première idée, et retrace ainsi le plus grand acte de la bonté divine. Deux fois par an, principalement aux

fêtes de l'Invention et de la Susception de la Croix, et tous
les vendredis dans certaines églises, le chemin de la croix
est parcouru dévotement par les fidèles. Rien n'est plus
intéressant encore, après dix-huit siècles, que cette touchante cérémonie, que ces voix gémissantes qui semblent
pleurer la mort cruelle d'un père ou d'un ami. Lorsque
dans les beaux jours, au milieu des Alpes, vous entre-
voyez à travers le feuillage les petites chapelles blanches,
échelonnées le long de la montagne, que la foule pieuse
en gravit les pentes escarpées, et que les accents plaintifs
des hommes et des femmes vous arrivent, vous êtes ému
profondément et vous joignez vos prières à leurs prières
et vos chants à leurs chants.

Auprès de l'ermitage construit sur la croupe du Vésuve,
et sur le même plan, on a dressé avec des pierres volca-
niques une sorte de calvaire. Jamais lieu fut-il plus propre
à méditer tour à tour sur la puissance et sur la bonté di-
vines? Du pied de ces croix grossières, l'œil embrasse un
immense horizon ; vous pouvez voir Naples, la mer et les
îles dont elle est parsemée ; c'est-à-dire que vous jouissez
du plus ravissant spectacle du monde.... Et en même
temps vous apparaissent les ruines de ces villes célèbres
ensevelies sous la cendre et sous les laves du volcan. C'est
bien là qu'il faut adorer et prier ; car celui qui mourut
sur la croix est le même Dieu qui disposa les lignes gra-
cieuses de l'amphithéâtre circulaire où s'assied la plus
belle ville de l'Italie ; c'est sa main qui remue mollement
les vagues de ces beaux rivages, et qui, dans un jour de
colère, pour punir les peuples qui l'oubliaient au milieu
des délices, des arts et de la volupté, les couvrit en un clin

d'œil d'une montagne de poussière et de tous les débris
que vomit le cratère enflammé du Vésuve.

La montagne des Oliviers, au pied de laquelle Jésus fut
arrêté et d'où il s'éleva vers les cieux, à diverses époques
a frappé l'imagination des chrétiens; dans les premiers
âges de l'Église, on y découvrait des feux miraculeux, et
les pèlerins des IXᵉ et Xᵉ siècles croyaient voir se renouveler la scène glorieuse de l'ascension du Sauveur.

« La procession des guerriers de la croix, avant le dernier assaut de Jérusalem, s'arrêta sur le mont des Oliviers; le seul aspect de la ville, du haut du mont sacré,
dut enflammer l'enthousiasme héroïque des compagnons
de Godefroy, plus encore que les discours des clercs et
des évêques. Le mont des Oliviers est resté à Jérusalem
comme une dernière gloire, comme un diadème radieux
qui couronne encore la fille de Sion.

« C'est la vision la plus éclatante que l'œil puisse avoir
d'une ville qui n'est plus; car elle semble être encore et
rayonner comme une ville pleine de jeunesse et de vie;
et cependant, si l'on y regarde avec attention, on sent que
ce n'est plus en effet qu'une belle vision de la ville de
David et de Salomon. Aucun bruit ne s'élève de ses places
et de ses rues; il n'y a plus de routes qui mènent à ses
portes de l'Orient ou de l'Occident, du Midi et du Septentrion; il n'y a que quelques sentiers serpentant au hasard
entre les rochers, où l'on ne rencontre que quelques
Arabes demi-nus, montés sur leurs ânes, et quelques
chameliers de Damas, ou quelques femmes de Bethléem
ou de Jéricho, portant sur leur tête un panier de raisin
d'Engaddi ou une corbeille de colombes qu'elles vont

vendre le matin sous les térébinthes, aux portes de la ville.

« A gauche de la plate-forme et des murs de Jérusalem, la colline qui porte la ville s'affaisse tout à coup, s'élargit, se développe à l'œil en pentes douces, soutenues çà et là par quelques terrasses de pierres roulantes. Cette colline porte à son sommet, à quelque cent pas de Jérusalem, une mosquée et un groupe d'édifices turcs, assez semblables à un hameau d'Europe couronné de son église et de son clocher; c'est Sion ! c'est le palais ! c'est le tombeau de David ! »

Les murs actuels de Jérusalem, dont M. de Chateaubriand a fait trois fois le tour à pied, présentent quatre faces aux quatre vents et forment un carré long, dont le grand côté court d'orient en occident. Ils sont l'ouvrage de Soliman, fils unique de Sélim I$^{er}$ (en 1534), comme le prouvent quelques inscriptions turques. Les Ottomans entretiennent tant bien que mal ces fortifications, pour se dire les maîtres d'une ville qui n'est qu'une espèce de camp fortifié, depuis des siècles, au milieu d'une plaine stérile, une barrière opposée à la rapacité des Arabes du désert.

L'enceinte de Jérusalem est d'environ une lieue. Elle a six portes principales fortifiées et non fortifiées :

1. Bab-el-Hhaleel, — la porte de l'*Élu* ou du *Bien-Aimé,* conduisant à Bethléem, à Hébron, etc. C'est par cette porte que les pèlerins qui ont suivi la route de Jaffa entrent dans la ville.

2. Bab-el-Nabi-Daoud, porte du *prophète David,* sur le mont Sion. C'est l'entrée méridionale de la ville.

3. Bab-el-Maugrarbé, — porte *Sterquiline* ou des ordures. Ce fut par cette porte que Jésus fut conduit chez Pilate, après la trahison de Judas Iscariote.

4. Bab-el-Sitti-Mariam, — la porte de la *Sainte-Vierge*, ouverte à l'orient ; elle conduit au tombeau de la mère de Jésus et à la montagne des Oliviers. On l'appelle aussi porte de Saint-Étienne, dont le martyre eut la Vierge pour témoin.

5. Bab-el-Hammond, — porte de la *Colonne*, qu'on appelle aussi porte de *Damas*. Elle est beaucoup plus belle que les autres, au nord et sur la route de Sichem.

6. Bab-el-Zahara, porte d'*Hérode*. C'est une petite porte située entre celle de Damas et celle de Saint-Étienne.

La porte dorée par laquelle Jésus-Christ fit son entrée à Jérusalem, le dimanche des Rameaux, est murée depuis longues années. Les livres musulmans disent que les chrétiens entreront de ce côté, le jour où ils chasseront de la terre sainte les sectateurs de Mahomet.

La montagne de Sion est aujourd'hui couverte de ruines, au milieu desquelles, à l'aide des livres saints, on retrouve à peine la trace des lieux consacrés par les Psaumes de David :

« Faites le tour de Sion, considérez son étendue et comptez toutes ses tours.

« C'est de Sion que Dieu fera briller la lumière avec un éclat incomparable.

« Le tabernacle de Dieu est dans Jérusalem, et sa demeure est dans Sion.

« Le Seigneur aime plus la porte de Sion que tous les tabernacles de Jacob.

« Sion a entendu la nouvelle de sa venue, elle en a tressailli de joie. »

Sainte Hélène fit du saint cénacle une église richement décorée. Elle fut ruinée par les Sarrasins ; mais Sancia, reine de Sicile, à force d'argent, parvint à la faire rendre aux pères de la terre sainte. En 1560, les Turcs la convertirent en une mosquée qu'ils ont gardée jusqu'à ce jour.

Le saint cénacle est un bâtiment composé de deux étages ; celui d'en-bas contient deux chambres, dont la première a vingt-quatre pas de long sur seize de large ; la seconde a vingt-deux pas de long sur quatorze de large ; elle est voûtée comme la première ; le second étage est composé de deux salles aussi grandes que celles du premier, dans l'une desquelles Jésus-Christ institua le sacrement de l'Eucharistie ; c'est dans l'autre, qui lui est contiguë, que les disciples étaient assemblés quand l'Esprit-Saint descendit sur eux, le jour de la Pentecôte ; événement à jamais mémorable et que les *Actes des Apôtres* racontent ainsi :

« Quand les jours de la Pentecôte furent accomplis, comme les disciples étaient réunis tous ensemble dans un même lieu, on entendit tout d'un coup venir du ciel un bruit comme d'un souffle impétueux qui remplit toute la maison où ils demeuraient.

« En même temps ils virent paraître comme des langues de feu, qui se partagèrent et s'arrêtèrent sur chacun d'eux.

« Alors ils furent tous remplis du Saint-Esprit, et ils commencèrent à parler diverses langues, selon que le

Saint-Esprit leur mettait les paroles en la bouche.... »

Après avoir monté à gauche un escalier d'une vingtaine de degrés, on se trouve dans une grande salle dont deux colonnes soutiennent la voûte. Ce fut là que le Seigneur fit la dernière pâque et institua l'auguste sacrement de son amour.

D'autres souvenirs se rattachent encore au saint cénacle. Ce fut en ce lieu qu'après sa glorieuse résurrection, Jésus visita plusieurs fois ses disciples, que furent ordonnés les premiers diacres, que fut célébré le premier de tous les conciles, présidé par saint Pierre, venu de Rome pour cette grande cérémonie. Enfin, ce fut de là que les apôtres, obéissant à la voix de leur divin maître, partirent pour « aller enseigner toutes les nations, les bap« tisant au nom du Père, du Fils et du Saint-Esprit, et leur « apprenant à garder tout ce qu'il leur avait confié, leur « assurant qu'il serait avec eux tous les jours jusqu'à la « consommation des siècles. »

La maison de Caïphe était aussi placée sur la montagne de Sion. Ce fut là que Jésus fut conduit en sortant de chez Anne, et que saint Pierre le renia. C'est aujourd'hui une église arménienne.

A deux cents pas de là, on voit les ruines de la maison où, selon la tradition, mourut la très-sainte Vierge.

On croit généralement que la maison du saint cénacle fut bâtie sur les ruines du tombeau de David.

Le jardin des Oliviers est une espèce de verger, rempli autrefois d'un grand nombre de ces arbres; il n'en reste plus que huit ou neuf fort anciens et d'une grosseur extraordinaire. On croit que Notre-Seigneur s'est promené

sous leur ombrage. En effet, ces arbres ont la faculté de
se reproduire presque sans fin par des rejetons qui
forment des touffes immenses et un tronc d'une vaste cir-
conférence. Ce jardin est entouré d'un mur de trois pieds
de haut ; sa longueur est de deux cents pas sur cent quarante de large. On y trouve une roche formant une grotte
rougeâtre, haute de deux pieds et assez large : c'est l'endroit où s'endormirent les trois apôtres que Jésus y avait
laissés. A l'endroit même de l'agonie est un autel surmonté d'un tableau représentant Notre-Seigneur soutenu
par l'ange qui vient le fortifier, avec cette inscription en
langue latine : « Et il lui vint une sueur, comme des
gouttes de sang, qui découlait jusqu'à terre (Luc, XXII, 44). »

Autrefois l'huile provenant des olives de ce jardin était
envoyée à des bienfaiteurs de la terre sainte ; une partie
de cette huile servait aussi à entretenir un temple sur le
saint tombeau. Aujourd'hui, les cénobites franciscains se
partagent entre eux les olives et emploient les noyaux à
faire des chapelets qui sont en grande vénération et por-
tés au plus haut prix.

M. de Lamartine peint ainsi le jardin de l'agonie :

« Nous voulions consacrer une journée à la prière dans
ce lieu vers lequel tous les chrétiens se tournent en priant,
comme les mahométans vers la Mecque ; nous engageâmes
le religieux qui faisait seul les fonctions de curé à Jérusalem à célébrer pour nos parents vivants et morts, pour
nos amis de tous les temps, de tous les lieux, pour nous-
mêmes enfin, la commémoration du grand et douloureux
sacrifice qui avait arrosé cette terre du sang du Juste, pour
y faire germer l'espérance et la charité. Nous y assistâmes

tous dans les sentiments que nos souvenirs, nos douleurs, nos pertes, nos désirs et nos mesures diverses de croyance et de piété nous inspiraient à chacun ; nous choisîmes pour temple et pour autel la grotte de Gethsémani, dans le creux de la vallée de Josaphat. C'est dans cette caverne, au pied du mont des Olives, que le Christ se retirait, suivant les traditions, pour échapper quelquefois à la persécution de ses ennemis et à l'importunité de ses disciples ; c'est là qu'il s'entretenait avec ses pensées célestes et qu'il demandait à son Père que le calice trop amer qu'il avait rempli lui-même, comme nous remplissons tous le nôtre, passât loin de ses lèvres ; c'est là qu'il dit à ses trois amis, la veille de sa mort, de rester à l'écart et de ne pas s'endormir, et qu'il fut obligé de les réveiller trois fois, tant le zèle de la charité humaine est prompt à s'assoupir ; c'est là enfin qu'il passa ces heures terribles de l'agonie, lutte ineffable entre la vie et la mort, entre la volonté et l'instinct, entre l'âme qui veut s'affranchir et la matière qui résiste encore, parce qu'elle est aveugle ; c'est là qu'il sua le sang et l'eau, et que, las de combattre avec lui-même, sans que la victoire de l'intelligence donnât la paix à ses pensées, il dit ces paroles finales, ces paroles qui résument tout l'homme et tout Dieu, ces paroles qui sont devenues la sagesse de tous les sages, et qui devraient être l'épitaphe de toutes les vies et l'inspiration unique de toutes les choses créées : « Mon Père, que votre volonté « soit faite, et non la mienne ! »

« Le site de cette grotte, creusée dans le rocher de Cédron, est un des sites les plus probables et les mieux justifiés par l'aspect des lieux, de tous ceux qu'une pieuse

croyance assigne à chacune des scènes du drame évangé-
lique ; c'est bien là la vallée assise à l'ombre de la mort,
l'abîme caché sous les murs de la ville, le creux le plus
profond et vraisemblablement alors le plus fui des
hommes, où le Christ, qui devait avoir tous les hommes
pour ennemis, parce qu'il venait attaquer tous leurs men-
songes, dut chercher quelquefois un abri et se recueillir
en lui-même pour méditer, pour prier et pour souffrir. Le
torrent impur de Cédron (car ce n'est qu'un égoût de la
ville) coule à quelques pas ; la colline des Oliviers s'y re-
plie pour se joindre avec les collines qui portent le tombeau des rois, et forme là comme un coude enfoncé où se
groupent des masses d'oliviers, de térébinthes et de fi-
guiers ; et ces arbres fruitiers que le pauvre peuple cultive
toujours, dans la poussière même du rocher, aux alentours d'une grande ville, devaient cacher l'entrée de la
grotte. De plus, ce site ne fut pas remué et rendu mécon-
naissable par les ruines qui ensevelirent Jérusalem. Les
disciples qui avaient veillé et prié avec le Christ purent
revenir et dire, en marquant le rocher et les arbres :
« C'était là. » Une vallée ne s'efface pas comme une rue,
et le moindre rocher dure plus que le plus magnifique
tombeau. »

La vallée de Josaphat est aussi appelée dans l'Écriture
la vallée de Lara, la vallée royale, la vallée de Melchisédech. Au milieu de cette vallée fameuse par les bénédictions et les malédictions du ciel, passe un fleuve décoloré,
qui se traîne à regret vers un lac empesté qui l'engloutit ;
c'est le Jourdain, c'est la mer Morte. Ce fut dans la vallée
de Josaphat que le roi de Sodome vint complimenter

Abraham, après la victoire que ce patriarche avait remportée sur cinq rois-pasteurs. Elle se trouve entre le mont des Olives et le mont Moria. L'aspect en est extrêmement triste ; les murailles gothiques de Jérusalem, qui la couvrent du côté du couchant, y répandent une ombre, une espèce d'obscurité bien propre à retenir l'âme dans les réflexions sérieuses que doit naturellement y faire naître le nom même de Josaphat. Elle paraît avoir été de tout temps un lieu de sépulture ; l'œil ne peut s'y arrêter que sur des trophées de la mort : on y trouve des tombeaux de la plus haute antiquité, on en trouve d'un jour. C'est vers cette vallée que les juifs, dispersés dans l'univers, tournent leurs regards. Des milliers d'entre eux, même à la fleur de l'âge, quittent leur patrie avec l'espoir d'y être ensevelis. Ces rochers sont comme leur héritage...., ils les revendiquent : le rivage de Sion est le terme de leurs vœux, de leurs espérances. Ils expirent en répétant les paroles de David : « Ayez pitié de nous, Seigneur ; ayez pitié de nous ; car nous sommes dans le mépris. » Leurs pierres sépulcrales y sont innombrables ; elles couvrent tout à fait le mont des Scandales (montagne où Salomon devint prévaricateur), s'étendent le long du torrent de Cédron et remontent derrière les tombeaux d'Absalon (que les Juifs, en passant, assaillent à coups de pierres), de Zacharie et du roi Josaphat, jusqu'au chemin de Béthulie. Le village de Siloé, où se trouve la fontaine dans laquelle vint se laver l'aveugle dont les yeux avaient été couverts de boue détrempée avec la salive du Sauveur, en est tellement entouré, qu'il paraît faire partie de ce vaste cercueil des Israélites.

Les juifs, les chrétiens, les mahométans s'accordent à placer la scène terrible du jugement dernier dans la vallée de Josaphat, où tous les prophètes ont passé tour à tour en jetant un cri de tristesse et d'horreur qui semble y retentir encore.

Voici les paroles mystiques du prophète Joël :

« J'assemblerai tous les peuples, et je les amènerai dans la vallée de Josaphat. J'entrerai en jugement avec eux.

« Que tous les peuples viennent se rendre à la vallée de Josaphat ; j'y paraîtrai assis sur mon trône, pour y juger tous les peuples qui y viendront de toutes parts. »

Le torrent de Cédron est ainsi nommé à cause des cèdres qui bordaient ses rives au temps des Jébuséens, ou plutôt parce que Cédron signifie *obscur*. David le traversa pour se soustraire à la poursuite d'Absalon. Entre le tombeau de ce dernier et celui de Zacharie est placée la grotte où saint Jacques se cacha, lorsque Jésus-Christ fut arrêté. Suivant la tradition, le Seigneur l'y visita aussitôt après sa résurrection.

A l'extrémité septentrionale de la vallée de Josaphat est le tombeau de la sainte Vierge. C'est une sombre et vaste demeure creusée dans le sein du rocher. A côté sont les sépulcres d'Anne, de Joachim, de Joseph, tous transformés en autels.

Au temps du royaume latin de Jérusalem, dit M. Michaud, l'église souterraine du tombeau de la Vierge était desservie par quinze chanoines, dont l'institution fut l'ouvrage de Godefroy. Ce temple, richement doté par le duc de Lorraine, recueillit les dépouilles de Mélisende, femme de Foulques d'Anjou et mère de Baudouin III. Elle avait conduit pendant plus de trente ans, à titre de reine ou de régente, les affaires du royaume de Jérusalem, et mérita les éloges de Guillaume de Tyr.

Le tombeau de la Vierge est un des sanctuaires que les Grecs ont enlevés aux Latins.

On prétend que les idolâtres sacrifiaient sur les bords du Cédron leurs enfants à l'infâme Moloch.

Je ne veux point terminer ce chapitre sans parler d'un événement qui a plongé Jérusalem dans la plus profonde douleur.

« Un religieux, arrivant de Rome et muni d'un bref de notre saint-père le pape, fut reçu, comme on le pense bien, avec la plus grande démonstration de respect et de joie par le vénérable supérieur des Franciscains. Le pieux voyageur, installé dans une chambre, n'en sortit pas aussitôt après quelque repos pour visiter, selon l'empressement ordinaire des pèlerins, le saint sépulcre. Cette indifférence surprit toute la communauté.

« Le lendemain, avec la rapidité de l'éclair, le bruit se répandit qu'on avait trouvé, à deux ou trois lieues de Jérusalem, le cadavre d'un homme assassiné, ainsi qu'un cheval errant dans les environs. C'était sans doute celui de la victime.

« Le gouverneur fit aussitôt rassembler toute la population, sans excepter les étrangers, et plaça la multitude, frappée de stupeur, sur deux rangs, de manière à pouvoir, précédé du cheval abandonné, les parcourir de front. Dans cette épreuve, dont plusieurs ne connaissaient pas le but, le cheval fit lentement le trajet, sans qu'il en résultât le moindre incident qui pût éclairer la justice.

« Le jour suivant, le supérieur des Franciscains s'aperçut qu'on avait dérobé un vase précieux dans l'église du Saint-Sépulcre. On en prévint aussitôt le gouverneur de Jérusalem. Celui-ci ordonna sur-le-champ une seconde réunion générale, et recommença l'étrange épreuve de la veille.

« O surprise ! ô prodige ! Arrivé devant le pèlerin dont j'ai parlé, le cheval s'arrête subitement, hennit et témoigne par d'éclatants signes de joie qu'il reconnaît son maître. Celui-ci, confondu, atterré, avoue d'une voix tremblante qu'il est l'assassin du vénérable religieux porteur du bref, et qu'il a dépouillé complétement ce saint homme, pour être en mesure de commettre un vol dans l'église du Saint-Sépulcre ; que, de plus, le cheval lui appartient réellement, et que, pendant la lutte avec la victime, l'animal effrayé s'est échappé, sans qu'il ait pu, malgré toutes ses recherches, le rattraper.

« La foule, au comble de l'étonnement, vanta la prudente sagacité du gouverneur. Pour moi, je ne vois encore dans cet événement que le doigt de Dieu. En effet, le cheval n'a point trahi l'assassinat, mais l'infâme sacrilége. Si le meurtre est un crime horrible et digne du dernier supplice, la profanation des choses saintes est encore plus épouvantable et digne d'un châtiment non moins rigoureux.

« Le coupable, selon la justice expéditive des Turcs, fut immédiatement livré au bourreau, et l'on rendit les honneurs funèbres à l'infortuné religieux. »

# VI.

Nos journées étaient toutes bien employées, et nous ne nous lassions pas d'examiner et de marcher. Nous n'eûmes garde d'oublier Bethléem, qui n'est pas à plus de trois lieues de la cité sainte. La route qui y conduit est triste et monotone : on voyage dans un désert. Non loin de Jérusalem, au midi, apparaît la colline sur laquelle les Juifs s'assemblèrent pour aviser au moyen de surprendre Jésus-Christ. Les catholiques l'ont surnommée montagne du *Mauvais-Conseil*. A une demi-lieue, et à droite, notre guide nous signala la plaine de Raphaïm, ou vallée des Géants, ainsi appelée parce qu'elle fut habitée par les descendants de Rapha ; elle est célèbre par deux victoires complètes que David y remporta sur les Philistins, et voisine des anciennes tribus de Juda et de Benjamin.

A moitié chemin est un monastère grec qui porte le

nom du prophète Élie. C'est une maison qui n'a rien de
remarquable. Devant le monastère se trouve un arbre
dont le feuillage touffu ombrage une pierre qui servait,
dit-on, de lit au prophète. Non loin de là, à droite, j'aper-
çus un petit bâtiment carré, surmonté d'un dôme, le tout
en maçonnerie et sans ornement. Il est environné d'une
petite clôture dans laquelle sont aussi deux petits tombeaux. Ce fut en ce lieu que mourut et fut enterrée Rachel.
Jacob fit élever sur son tombeau une colonne qu'on y
voyait encore du temps de Josué. Le monument qui porte
aujourd'hui ce nom a été rebâti par les Turcs sur les
ruines de l'ancien.

Après la mort de Rachel, Jacob fit construire la tour
d'*Ader,* dont saint Jérôme parle dans son épitaphe de
sainte Paule, qui descendit en cette tour pour aller au
tombeau de Rachel.

A mesure qu'on approche de Bethléem, la perspective
devient plus riante et plus gracieuse. Ce village, qu'on
appelait autrefois *Ephrata,* est situé sur un monticule entouré de collines et de plaines pittoresques assez bien cul-
tivées, où les arbres, le figuier et l'olivier surtout, sont
moins rares. D'un côté on aperçoit les montagnes de la
Judée, de l'autre, au delà de la mer Morte, celles de l'Arabie Pétrée. En présence de cette terre de bénédiction, je
recueillis mes souvenirs. Quels pieux et touchants tableaux
se déroulèrent devant mes yeux! David, enfant, habita
ces lieux; il y garda les troupeaux de son père. Je pensai
à Booz, fils de Salmon, qui épousa Ruth, dont l'histoire
remplit un des livres saints. De ce mariage naquit Obed,
aïeul de David.

Enfin, nous sommes à Bethléem !

C'est donc ici que l'enfant Jésus n'eut pour lit qu'un peu de paille, pour palais qu'une étable !

En ce moment d'extase indéfinissable, je me rappelai les naïfs commentaires de ma pieuse mère, qui, pour me faciliter l'intelligence des saintes Écritures, exposait à mes regards enfantins les gravures représentant les scènes admirables de l'Ancien et du Nouveau Testament. A ce doux et triste souvenir, je ne pus retenir mes larmes.

Il n'y a point d'émotion au monde qui puisse se comparer à celle dont le voyageur, après une marche pénible, est agité en saluant Bethléem. Mais, au moins, ici tout est doux, attendrissant, et le mystère de la Nativité ne fait point verser des larmes amères.

Arrivés au monastère, nous exprimâmes le désir de visiter sans nul retard les lieux saints; mais les bons pères nous forcèrent de prendre quelque repos. Ensuite nous visitâmes l'église, en forme de croix, qui fut bâtie en 326 par sainte Hélène, et destinée à renfermer l'auguste caverne de la Nativité. « Le pied de la croix offre, suivant M. de Chateaubriand, une nef ornée de quarante-huit colonnes d'ordre corinthien, de dix-huit pieds de haut, placées sur quatre lignes ; la voûte de la nef manque, et les colonnes ne portent qu'une frise qui remplace l'architrave et tient lieu de l'entablement entier. Une charpente en bois de cèdre s'élève en dôme pour porter un toit qui n'existe plus. Les murs sont percés de grandes fenêtres ; ils étaient autrefois ornés de tableaux en mosaïque, de passages de l'Évangile écrits en caractères grecs et latins : on en voit encore les traces.

« Les restes de mosaïque que l'on aperçoit çà et là, ainsi que quelques tableaux peints sur bois, sont intéressants pour l'histoire de l'art et présentent en général des figures de face droites, raides, sans mouvement et sans ombre; mais l'effet en est majestueux et le caractère noble et sévère. »

Dans l'église souterraine se trouvent plusieurs pièces taillées dans le roc, qui sont autant de sanctuaires où il ne pénètre point d'autre lumière que celle des lampes. On y descend par deux escaliers de quinze à vingt pieds, et l'on y trouve d'abord la chapelle de Saint-Joseph, celle des Saints-Innocents, qui ne purent échapper en ces lieux mêmes au glaive et à la persécution d'Hérode.

On y voit encore le tombeau de saint Eusèbe, abbé d'un monastère de Bethléem et disciple de saint Jérôme.

Plus loin, est la chapelle ou tombeau de sainte Paule et de sa fille, sainte Eustochie. Cette dame, issue des plus illustres familles patriciennes de l'ancienne Rome, fut remplie d'une joie si vive à la vue de cette première demeure du Dieu fait homme, qu'elle voulut y passer le reste de ses jours. Elle y fit bâtir un monastère de religieux et trois autres pour des religieuses, dans l'un desquels elle se retira, préférant à l'héritage glorieux des Scipion et des Paul-Émile une humble tombe pour elle et pour sa pieuse fille. On voit encore quelques ruines de ces quatre monastères aux environs de Bethléem.

Dans la même chapelle, sous une arcade, est l'autel dédié au grand saint Jérôme, dont le corps fut transporté à Rome. On prétend que c'est dans un lieu tout proche, qu'on appelle encore l'oratoire de saint Jérôme, que ce

Père, d'un côté poursuivi par l'image de Rome, de ses
plaisirs, de ses fêtes, de l'autre entouré du désert et de
la pauvreté, priait, jeûnait, se macérait, en composant sur
l'original hébreu la version de la Bible que l'Église a re-
çue sous le nom de Vulgate. « Jérôme, dit un auteur moderne, nourri dans l'étude des chefs-d'œuvre de Rome et
de la Grèce, après s'être séparé du monde, n'avait pu se
séparer de Cicéron, d'Horace, de Virgile et de Platon ; il
lui fallut lutter sans cesse avec son penchant pour la litté-
rature profane, et son cœur se troublait, ses yeux se rem-
plissaient de larmes à l'aspect d'un de ces génies qu'il
chérissait. Le saint anachorète nous apprend lui-même
qu'il jeûnait avant de lire Cicéron, qu'il n'ouvrait Platon
qu'après bien des pleurs et des nuits passées dans les
veilles, et qu'en quittant leurs ouvrages, il trouvait les
livres saints rudes et grossiers. Dans le délire d'une fièvre
dévorante, qui ne lui avait laissé qu'un souffle de vie, Jérôme se crut un jour transporté devant le tribunal du
grand Juge. « Qui es-tu ? lui demanda une voix terrible.
« — Je suis un chrétien, répondit-il. — Tu mens, répliqua
« le Juge suprême, *tu n'es qu'un cicéronien.* » Le génie
de Jérôme était devenu son démon.

Mais notre dévote curiosité cherchait un lieu plus digne
encore d'admiration, celui où le Sauveur du monde naquit comme un simple mortel. Nous y arrivâmes en suivant le détour d'un étroit passage. Une étoile de marbre
blanc, incrustée de jaspe et entourée d'un cercle d'argent, signale aux pieux regards des pèlerins l'enfonce-
ment où s'accomplit le grand mystère de la Nativité. On y
lit cette inscription :

*Hìc de virgine Mariá Jesus Christus natus est.*

« C'est ici que Jésus-Christ est né de la vierge Marie. »

A partir de cet imposant sanctuaire, il faut monter seize marches pour se trouver au niveau du sol. Ainsi, la sainte étable avait dix ou douze pieds de profondeur; toutes sont encore construites de même à Jérusalem. Après avoir descendu quelques marches, on se trouve devant la crèche où l'enfant divin reposait. En face, à l'endroit même où la sainte Vierge était assise, lorsque les trois mages vinrent offrir leurs humbles hommages au roi nouveau-né, on a construit un second autel. Un troisième rappelle la Circoncision, que plusieurs pensent avoir été faite dans ce lieu sacré. L'ouverture de la grotte, taillée dans un roc tendre, était du côté du nord. Elle a environ quarante pieds de long sur douze de large à l'entrée, et va en rétrécissant jusqu'au fond. Trois colonnes de porphyre soutiennent la voûte, éclairée par trente-cinq lampes, dont la plus belle est une offrande de Louis XII, roi de France.

L'empereur Adrien, pour distraire les chrétiens de leur dévotion à la sainte caverne, qui existait en forme de chapelle, dès le temps des apôtres, fit détruire cette petite église ou oratoire et élever à la place un temple d'*Adonis*, dans le but d'y attirer un grand concours de païens; mais le temple et l'idole, bien avant le règne de Constantin, avaient disparu de dessus le sol sacré.

Jérémie fait mention de Chanaan, ville peu distante de Bethléem, où Johanan se retira avec ses gens de guerre, pour de là passer en Égypte.

A une demi-lieue de Bethléem, est l'endroit où les

anges apparurent aux pasteurs. On y a construit un ermitage qu'habite un santon.

On a construit aussi une église dédiée à saint Nicolas sur la grotte où saint Joseph cacha la sainte Vierge et l'enfant Jésus, lorsqu'ils s'enfuirent en Égypte.

Je ne dois pas oublier non plus la citerne de David, qui était autrefois aux portes de Bethléem, parce que, sans doute, la ville s'étendait jusque-là, et qui donna occasion à trois braves de son armée de lui prouver combien ils lui étaient dévoués ; car, le roi leur ayant témoigné le désir de boire de cette eau lorsqu'il était près de combattre les Philistins, qui s'étaient emparés non-seulement de cette précieuse citerne, mais encore de toute la vallée de Raphaïm, ces trois hommes courageux, ayant traversé le camp des ennemis, revinrent chargés de la boisson que David avait demandée ; mais ce dernier, regrettant d'avoir été cause des dangers courus inutilement par d'aussi vaillants soldats, l'offrit en libation au Seigneur, et dompta sa soif par une illustre victoire remportée sur lui-même, avant celle qu'il devait remporter sur les Philistins. On a conservé le nom des trois héros : le premier se nommait *Issem*, le deuxième *Éléazar*, et le troisième *Héli*.

Cette citerne est bien couverte, et l'on y voit trois bouches, peut-être en mémoire des trois braves.

Ouvrons maintenant les belles pages des *Souvenirs d'Orient* ; car les détails sur Bethléem ne peuvent être trop multipliés.

« Partis de Jérusalem à cinq heures du matin, afin d'arriver à Bethléem à l'heure à laquelle on dit la messe dans la grotte de la Nativité, un vieux religieux espagnol à grande barbe, couvert d'un manteau bédouin, rayé de larges bandes noires et blanches, et dont les pieds touchaient à terre, monté qu'il était sur un tout petit âne, marchait devant nous et nous servait de guide. Quoique au mois d'avril, un vent glacial soufflait avec violence et menaçait de me renverser, ainsi que mon cheval; la poussière qui tourbillonnait m'aveuglait; j'abandonnai les rênes à mon saï arabe, et, rassemblant mon manteau autour de moi, je me concentrai dans les réflexions que faisaient naître la route que je parcourais et les objets consacrés par la tradition. Mais ces objets sont trop connus, je ne m'arrêterai pas à les décrire. L'olivier du prophète Élie, — la fontaine où l'étoile reparut aux mages, — le site de Rama, d'où sortait la voix déchirante qui retentissait dans mon propre sein (M. de Lamartine venait de perdre Julie, sa fille unique), tout excitait en moi des sensations trop intimes pour être rendues.

« Le couvent latin de Bethléem avait été fermé pendant onze mois par la peste; mais depuis quelque temps il n'y avait pas eu de victimes nouvelles, et lorsque nous nous présentâmes à la petite porte basse qui sert d'entrée au monastère, elle s'ouvrit pour nous. Après avoir passé un à un, en nous courbant, par l'étroite ouverture, notre premier mouvement fut celui de la surprise, en nous trouvant dans une majestueuse église; mais on y cherchait vainement l'autel ou la chaire; tout était brisé, délabré, dépouillé, et une muraille grossièrement cimentée partageait ce beau vaisseau à la naissance de la croix et cachait ainsi la partie réservée au culte que les diverses communions se disputent encore. La nef appartient aux Latins, mais ne sert que de vestibule au couvent ; on a muré la grande porte, et la poterne basse par laquelle nous avions pénétré a été construite pour soustraire ses restes vénérés à la profanation d'Arabes brigands qui entraient à cheval jusqu'au pied de l'autel, pour rançonner les religieux. Le père supérieur nous reçut avec cordialité. Sa figure douce, calme et heureuse, est aussi éloignée de l'austérité de l'anachorète que de la joviale insouciance dont on accuse les moines. Il nous questionne sur les pays que nous venons de parcourir, sur les troupes égyptiennes campées si près d'eux ; onze mois de réclusion l'avaient rendu avide de nouvelles, et il fut tout à fait rassuré en apprenant qu'Ibrahim-Pacha accordait protection aux populations chrétiennes de la Syrie.

« Après quelques instants de repos, nous nous préparons à entendre la messe à la chapelle de la Crèche ; on allume une faible lanterne, et nous descendons, précédés des pères, jusqu'à un long labyrinthe de corridors souterrains qu'il faut parcourir pour arriver à la grotte sacrée. La lumière éblouissante de trente à quarante lampes nous montre l'autel construit sur l'emplacement de la Nativité, et deux pas plus bas, à droite, celui de la Crèche. Ces grottes naturelles sont en partie revêtues de marbre, pour les soustraire à la piété indiscrète des pèlerins qui en déchiraient les parois pour en emporter des fragments ; mais on peut encore toucher le rocher nu derrière les dalles de marbre dont on l'a recouvert, et le souterrain a conservé en général l'irrégularité de sa forme primitive ; les ornements n'ont point ici, comme dans quelques-uns des lieux

saints, altéré la nature au point de faire naître des doutes
sur l'identité des lieux : ici ils ne servent qu'à préserver
l'enceinte naturelle ; aussi, en passant sous ces voûtes et
ces enfoncements dans le roc, l'on comprend sans peine
qu'ils ont dû servir d'étable aux troupeaux que les bergers gardaient dans la plaine couverte aujourd'hui de vastes
prairies, s'étendant au loin sous la plate-forme de rochers que couronnent l'église et le couvent comme une
citadelle.

« La disposition d'âme dans laquelle je me trouvais
malheureusement me rend inhabile à exprimer ce que
ces lieux et ces cérémonies doivent inspirer : tout pour
moi se réunissait dans un profond et douloureux attendrissement. Une femme arabe qui vint faire baptiser son
nouveau-né sur l'autel de la Crèche ajouta encore à mon
émotion.... Après la messe, nous rentrons dans le couvent, non plus par le souterrain, mais par un escalier
large et commode qui aboutit à la croix de l'église, derrière le mur de séparation dont j'ai parlé. Cet escalier ap-
partenait autrefois également aux deux communions
grecque et latine; maintenant les Grecs seuls en jouissent,
et nous entendîmes les plaintes énergiques des pères de
Bethléem sur cette usurpation.

« Les deux nefs latérales qui forment la croix de
l'église ancienne sont constituées en chapelles particu-
lières. L'une appartient aux Arméniens, l'autre aux
Latins. Au centre est le maître-autel, placé immédiatement au-dessus de la grotte ; le chœur en est séparé par
une grille et un pan de boiserie dorée, qui cache le sanctuaire des Grecs.

« L'Église grecque, en Orient, est bien plus riche que l'Église romaine ; chez ceux-ci, tout est humble et modeste ; chez ceux-là, tout est brillant et fastueux. Mais la rivalité qui naît de leur position respective produit une impression extrêmement pénible : on gémit de voir la chicane et la discorde dans les lieux qui ne devraient inspirer que la charité et l'amour.

« Nous rentrons dans le couvent. Un excellent repas nous est offert dans le réfectoire par le bon père supérieur, que nous quittons avec regret, voulant profiter des heures qui nous restent pour visiter les alentours.

« Sur quelques hauteurs qui dominent Bethléem, on voit des restes de tours, qui marquent différentes positions des croisés et qui portent les noms de ces héros. »

Lorsque les croisés arrivèrent à Emmaüs, ville considérable à l'époque des Machabées et célèbre dans le Nouveau Testament par la conversation de Jésus-Christ ressuscité avec deux de ses disciples, qui ne le reconnurent pas d'abord, laquelle ville n'était plus au temps des croisades qu'une bourgade appelée Nicopolis, quelques chrétiens de Bethléem vinrent implorer le secours des soldats du Christ. Tancrède se rendit à leurs prières, et, suivi de trois cents guerriers, il planta l'étendard de la croix sur les murs de Bethléem, à l'heure même où la naissance du Sauveur du monde fut miraculeusement annoncée aux bergers de la Judée.

Voici comment D. Géramb décrit l'auguste cérémonie de la messe de minuit à Bethléem :

« Vous savez avec quelle pompe, avec quelle joie se célèbrent la fête de Noël et la messe de minuit dans tout le monde catholique ; vous avez pu, comme moi, remarquer la beauté des décorations qui ornent nos temples à l'époque de cette grande solennité, et l'immense concours des fidèles et leur pieux empressement à aller adorer l'enfant Jésus, et ce concert unanime de bénédictions et d'actions de grâces pour l'heureuse venue du divin Messie, et ces hymnes et ces cantiques par lesquels éclate la commune allégresse : concours, empressement, concert, hymnes, cantiques, allégresse qui plus d'une fois ont gagné à Jésus-Christ le cœur de ceux mêmes qu'avait attirés une curiosité toute profane, et trop souvent plus criminelle. Jugez de ce que doit être une telle fête célébrée à minuit à Bethléem, et au lieu même où Jésus voulut naître ! Je ne veux rien retracer ici de ce que vous avez pu voir ailleurs ; je ne m'arrêterai pas à vous peindre la sainte magnificence qui se déploie en cette solennité ; je ne vous parlerai ni de la richesse des tapisseries dont les marbres sont couverts, ni des accords ravissants d'une musique en parfaite harmonie avec la douceur et la sublimité du mystère, ni de cette innombrable quantité de cierges qui brûlent, non-seulement sur l'autel, mais dans tout l'intérieur, ni de la pompe qui environne le père gardien dans l'exercice de ses fonctions, ni des ornements resplendissants d'or dus à la munificence des princes catholiques d'un autre temps et dont sont revêtus les prêtres nombreux qui l'assistent.... Mais je veux vous dire au moins quelques mots d'une cérémonie auguste et touchante qui n'a et ne peut avoir lieu qu'ici : c'est une procession solennelle vers la sainte crèche par laquelle commence l'office.

« A minuit, à cette heure de salut où, dans toutes les églises catholiques de l'univers, l'enfant Jésus reçoit les hommages de tout ce qu'il y a sur la terre de chrétiens fidèles, le révérend père gardien ouvre la marche et s'avance à petits pas, le front incliné, portant avec respect dans ses bras l'enfant Jésus ; puis viennent les Bethléémites et les Arabes catholiques, puis les pèlerins des diverses nations, tous un flambeau à la main. Le célébrant et le cortége étant arrivés vers la place même de la *Nativité,* le diacre, dans un recueillement profond, chante l'Évangile.... Lorsqu'il en est à ces mots : « Et l'ayant emmailloté, » il reçoit l'enfant des mains de l'officiant, l'enveloppe de langes, le dépose dans la crèche, se prosterne et l'adore.... Alors il se passe dans les âmes quelque chose de surnaturel, j'oserai le dire, si j'en juge par ce dont j'ai été le témoin, par ce que j'ai moi-même senti. Pour exprimer sa reconnaissance, son amour, la piété n'a plus de voix, elle ne parle plus que par l'attendrissement de ses regards, par ses soupirs et par ses larmes. »

# VII.

Dernier Coup d'œil sur Jérusalem. — Mosquée d'Omar.

Cette après-midi nous avons examiné pour la dixième fois les débris des antiquités qui existent au dehors et tout près de Jérusalem. Mais. hélas ! qu'il est triste de contempler, au milieu des ennemis du nom chrétien, les ruines d'une cité jadis si florissante et rejetée aujourd'hui par ses stupides possesseurs au rang d'une ville plus que secondaire ! Non, Jérusalem n'est plus Jérusalem ; elle n'est pas même l'ombre de ce qu'elle fut autrefois. Si de tous les points de la chrétienté les voyageurs cessaient de s'y rendre avec dévotion, la ville de David tomberait dans le néant ; car les Turcs n'en conservent le précieux squelette que parce qu'il est pour leur grossière cupidité la source incessante d'un immense revenu.

Jérusalem considérée sous le point de vue matériel est sans importance. On n'y voit ni palais magnifiques, ni places publiques, ni promenades ; partout des rues étroites que trois chameaux de front pourraient à peine parcourir. Pourtant, il faut en excepter le quartier des Arméniens, qui est, sans contredit, le plus beau, le plus riche de la ville.

Aujourd'hui la population semble tout à fait familiarisée avec les vêtements étrangers. Il en est de même dans plusieurs parties de l'Orient, où la gloire de nos armes a fini par commander le respect.

La population juive m'a paru la plus misérable de toutes ; pour avoir une juste idée de son indigence, il suffit de visiter sa synagogue. Ce n'est réellement qu'une bicoque menaçant ruine. Quel temple, au prix du magnifique monument de Salomon ! Quelle abjection, au prix de l'ancienne gloire du peuple de Dieu !

Hélas ! le temple de Salomon embelli et enrichi, le temple fameux dont la magnificence surpassa celle du temple qu'on bâtit à grands frais lors du retour de la captivité de Babylone, le temple enfin dont Jésus-Christ avait prédit la ruine totale et dont

> Le peuple saint en foule inondait les portiques,

est aujourd'hui, comme je l'ai déjà dit, transformé en une superbe mosquée.

Voici la description qu'en fait M. de Lamartine :

« Une magnifique plate-forme, préparée sans doute par la nature, mais évidemment achevée par la main des hommes, était le piédestal sublime sur lequel s'élevait le

temple de Salomon ; elle porte aujourd'hui à son centre,
sur l'emplacement même où devait s'étendre le temple,
la mosquée d'Omar, ou El-Sakhra, édifice admirable
d'architecture arabe. C'est un bloc de pierre et de marbre
d'immenses dimensions, à huit pans ; chaque pan est orné
de sept arcades plus rétrécies, terminées par un dôme
gracieux, couvert en cuivre, autrefois doré. Les murs de
la mosquée sont revêtus d'émail bleu ; à droite et à gauche
s'étendent de larges parois, terminées par de légères co-
lonnades moresques correspondant aux huit portes de la
mosquée. De hauts cyprès, disséminés comme au hasard,
quelques oliviers, et des arbustes verts et gracieux, croissant çà et là, relèvent l'élégante architecture de la mosquée et la couleur éclatante de ses murailles, par la forme
pyramidale et la sombre verdure qui se découpent sur la
façade du temple et du dôme de la ville. »

Omar, pour établir sa mosquée dans l'enceinte du
temple de Salomon, en fit déblayer les terres et découvrit
une grande roche où Dieu, selon une pieuse tradition, dut
s'entretenir avec Jacob. La mosquée nouvelle prit le nom
de cette roche et devint pour les musulmans presque
aussi sacrée que les mosquées de la Mecque et de Médine.
Le calife Abd-el-Malek en augmenta les bâtiments et ren-
ferma la roche dans l'enceinte des murailles. Son successeur, le calife Valid, embellit encore El-Sakhra, et la
couvrit d'un dôme de cuivre doré, dépouille d'une église
de Balbeck. Dans la suite, les croisés convertirent le temple
de Mahomet en un sanctuaire de Jésus-Christ. Saladin,
après avoir repris Jérusalem, rendit ce temple à sa desti-
nation primitive.

Il y a peine de mort contre tout chrétien qui non-seulement pénétrerait dans *Gamea-el-Sacra*, mais qui aurait l'imprudence même de mettre le pied dans le parvis qui l'environne.

« La grande place de la Mosquée, dit M. de Chateaubriand, autrefois la place du temple, forme un parvis qui peut avoir cinq cents pas de longueur sur quatre cents de largeur. Les murailles de la ville ferment ce parvis à l'orient et au midi. Il est bordé à l'occident par des maisons turques, et au nord par les ruines du prétoire de Pilate et du palais d'Hérode.

« Douze portiques, placés à des distances inégales les uns des autres, et tout à fait irréguliers comme les cloîtres de l'Alhambra, donnent entrée sur ce parvis. Ils sont composés de trois ou quatre arcades, et quelquefois ces arcades en soutiennent un second rang, ce qui imite assez bien l'effet d'un double aqueduc. Le plus considérable de ces portiques correspond à l'ancienne *Porta speciosa* ( la belle porte ), connue des chrétiens par un miracle de saint Pierre. Il y a des lampes sous ces portiques.

« Au milieu de ce parvis, on en trouve un plus petit, qui s'élève de six à sept pieds, comme une terrasse sans balustres, au-dessus du précédent. Ce second parvis a, selon l'opinion commune, deux cents pas de long sur cent cinquante de large ; on y monte de quatre côtés par un escalier de marbre ; chaque escalier est composé de huit degrés.

« Au centre de ce parvis supérieur s'élève la fameuse mosquée de la Roche. Tout autour de la mosquée est une citerne qui tire son eau de l'ancienne fontaine scellée *(fons signatus)* et où les Turcs font leurs ablutions avant la prière.

« Le temple est octogone ; une lanterne également à huit pans et percée d'une fenêtre sur chaque face, couronne le monument ; cette lanterne est recouverte d'un dôme. Une flèche d'assez bon goût, terminée par un croissant, surmonte tout l'édifice, qui ressemble à une tente arabe élevée au milieu du désert.

« Les murs sont revêtus extérieurement de petits carreaux ou de briques de diverses couleurs ; ces briques sont chargées d'arabesques et de versets du Coran écrits en lettres d'or. Les huit fenêtres de la lanterne sont ornées de vitraux ronds et coloriés. »

En 1818, une femme célèbre, à qui l'on doit plusieurs publications importantes sur l'ancienne Egypte, M^me Belzoni, sous un costume oriental, eut la témérité d'entrer dans la mosquée d'Omar. Elle n'y resta que peu de temps ; car la crainte d'être surprise l'agitait. Elle remarqua une grande quantité de colonnes, la plupart en granit, dont les chapiteaux lui parurent d'un ouvrage imparfait, comme tous les ouvrages de sculpture mahométane. Arrivée devant un cabinet éclairé par une seule fenêtre, elle y aperçut un maçon catholique qui lui dit que c'était là que le saint vieillard Siméon et saint Anne, tenant dans leurs bras l'enfant Jésus, avaient prononcé des paroles prophétiques. L'ouvrier lui fit remarquer ensuite une ouverture qui donne sur Siloé, et lui assura que primitivement il se trouvait en cet endroit une porte par laquelle Notre-Seigneur entrait dans le temple. Il voulait lui donner de plus amples renseignements ; mais M^me Belzoni, incapable de maîtriser ses justes appréhensions, remercia l'honnête artisan et se hâta de sortir.

Selon des voyageurs anglais, l'intérieur de la mosquée est pavé en marbre gris, et les murs revêtus de marbre blanc poli avec le plus grand soin. Vingt-quatre colonnes d'un marbre brun forment une nef concentrique. Vingt-quatre petits arceaux supportent le toit, sculpté et doré avec un goût exquis; un second cercle de seize colonnes supporte le dôme, dont l'intérieur est parfaitement peint avec des arabesques dorées. Au centre sont suspendus plusieurs vases antiques d'or et d'argent, offrande de quelques pieux sectateurs du prophète. Immédiatement au-dessous du dôme est une immense masse de pierre calcaire de forme irrégulière : on la nomme *Pierre sacrée de Dieu*. Les mahométans ont pour elle la plus grande vénération. Tout à fait au-dessous est une caverne, appelée *la noble Caverne de Dieu*, au-dessus de laquelle est une ouverture creusée dans le roc, désignée sous le nom de *Trou de Mahomet*. On y voit cinq petites niches portant le nom de David, de Salomon, d'Abraham; de saint Jean et de Gabriel. Cette caverne, qui a la forme d'une petite chambre à peu près carrée, contient le *Puits des Ames* ou l'entrée aux régions infernales; la place de la prière, l'épée d'Ali, neveu de Mahomet, et son étendard, la balance pour peser les âmes, le bouclier de Mahomet, les oiseaux de Salomon, les grenades de David et la selle de la célèbre jument El-Borak, sur laquelle le prophète, accompagné de l'ange Gabriel, fit son voyage nocturne de la Mecque à Jérusalem. Après la prière sur le roc dont nous venons de parler, la *Pierre sacrée de Dieu*, Mahomet, sui-

vant le dix-septième chapitre du Coran, monta au ciel.
C'est, comme on le voit, le calque grossier de l'Ascension
de Notre-Seigneur. Sur un immense pupitre de bois est
une copie originale du Coran, dont les feuilles ont quatre
pieds de longueur. On voit encore un puits dans lequel se
plongent les vrais croyants, et dont ils boivent l'eau avec
une grande dévotion. A l'ouest, il existe une dalle de
marbre vert, enclavée dans le sol, qui porte l'empreinte
de dix-huit clous d'argent. Quatorze de ces clous et une
partie du quinzième ont disparu, pour marquer l'accomplissement de certaines grandes époques ; quand le dernier
de ces clous disparaîtra, le monde finira. La mosquée
d'Omar appartient spécialement à la secte des *Hanafiles*,
la plus respectable parmi les musulmans ; cent quatre-
vingts lampes y sont allumées toutes les nuits.

Un des plus riches ornements de cette mosquée est la
*chaire*, dans laquelle le ministre de la religion mahométane fait entendre sa voix aux habitants de Jérusalem.
Elle est située sur la plus haute plate-forme de ce magnifique édifice et presque opposée à la porte du sud, qui est
également appelée la prière. Construite en marbre blanc,
à l'exception des petits piliers, qui sont en vert antique,
elle présente, de quelque côté qu'elle vous apparaisse,
l'aspect le plus pittoresque.

Qu'on me pardonne cette digression, peut-être trop
longue, au sujet de la chaire d'Omar. Je reviens au sort
actuel des Juifs, et je ne puis m'empêcher de rapporter
l'entretien que j'eus avec un savant de cette nation malheureuse. Gémissant sur l'humiliation croissante de ses
compatriotes et regrettant l'ancienne splendeur de la

Synagogue et du fameux Sanhédrin, ou conseil suprême des Juifs, il me dit :

« Le grand consistoire ou Sanhédrin des Juifs fut institué par Moïse. Il était composé de soixante-dix principaux de la nation, entre lesquels un avait la qualité de président. Outre ce premier dignitaire, que les Juifs appellent encore aujourd'hui *amasci, le prince*, il y avait une espèce de vice-gérant qui prenait le titre de *au*, c'est-à-dire père du consistoire, et un troisième dignitaire, auquel on donnait le nom de *sage*. Les autres membres avaient le titre d'*anciens* ou de *sénateurs*. Pendant leur séance, ils étaient tous assis en demi-cercle, dans une salle sphérique, dont une moitié était dans l'enceinte du temple, et l'autre moitié en dehors. Le *nased* ou président de l'assemblée était placé au milieu, ayant à sa droite le vice-gérant et le sage à sa gauche. Les sénateurs étaient assis, chacun selon son rang, plus ou moins éloignés du président. Ce grand consistoire ne pouvait se tenir que dans la ville de Jérusalem, en un lieu qu'on appelait *Liscat-Hagasit, le conclave de pierre*, et qui faisait partie du temple. (Depuis, et sans doute autorisés par l'exemple, les conciles, c'est-à-dire les assemblées légitimes d'évêques catholiques, ont eu lieu, pour la plupart, dans les églises.)

« Dans le conseil suprême des Juifs, on jugeait les causes majeures, et en dernier ressort, le Sanhédrin pouvait interpréter la loi. Lorsqu'il s'agissait de quelque cas sur lequel la tradition n'avait rien de positif, chaque sénateur avait non-seulement voix consultative, mais voix décisive.

« Ceux qui refusaient de se soumettre aux décisions

du grand consistoire étaient regardés comme rebelles.

« Lorsque les Juifs, captifs à Babylone, revinrent à Jérusalem, ils tinrent une de ces assemblées générales dans
l'intérêt du bien public. Elle fut composée de cent vingt
notables. Esdras, surnommé *le Scribe*, présida cette assemblée, où parurent le prophète Aggée, le dixième des
petits prophètes ; Zacharie, le onzième ; Malachie, le dou-
zième, et quelques autres grands hommes inspirés de Dieu,
comme Daniel, Nelsémias, Mardochée, Zorobabel, Azarias,
Misaël et Ananias. Bien qu'on ne doive pas admettre tout
ce que les Juifs ont rapporté en particulier de cette grande
assemblée, on peut conclure en général que les prophètes
et les autres personnages illustres y étaient admis avec
les anciens ou sénateurs.

« Il n'y avait rien de plus grand dans la république des
Hébreux que ce Sanhédrin, qui pouvait faire, selon l'expression énergique des Juifs, *une haie à la loi, saieg la
tora*. En effet, cette auguste assemblée avait, comme je
l'ai déjà dit, la liberté d'expliquer la loi selon qu'elle
jugeait le plus convenable pour le temps et pour les circonstances impérieuses. Aussi malheur aux récalcitrants !
ils étaient excommuniés et mis hors la loi.

« L'autorité du Sanhédrin a cessé avec l'indépendance
des Juifs. Depuis leur dispersion par toute la terre, ils
n'ont plus eu d'autres règles que celles arrêtées par les
grands consistoires précédents. C'est pourquoi ils en ont
soigneusement recueilli les diverses constitutions pour en
former leur *Talmud*.

» Quant aux synagogues, il y en avait dans Jérusalem
un grand nombre, telles que celles des Alexandrins et

autres dont parle le Nouveau Testament. Les docteurs ou rabbins y enseignaient la loi ; les synagogues servaient aussi d'écoles. Jésus-Christ et les apôtres se mêlaient aux autres Juifs pour y venir écouter la lecture de la loi et les instructions des rabbins. Comme on y rendait aussi des jugements, il était nécessaire que l'ordre et la discipline fussent les mêmes que dans le grand consistoire. Il y avait un président, appelé en grec *archisynagogos*, chef de la synagogue, que les Juifs nomment aujourd'hui le chef d'un Kahal, c'est-à-dire d'une assemblée. Ceux qui étaient assis aux côtés de ce président, en demi-cercle, prenaient tous la qualité de *zekenim*, anciens. Plus bas, sur d'autres siéges, étaient les disciples qui étudiaient la loi.

« Ces disciples, qu'on nommait *talmide hacamim*, disciples des sages, étaient divisés en trois rangs. Le premier occupait les places des *hacamim*, le second montait successivement au premier, le troisième au second. Le peuple était assis dans le parterre, qui répondait à la nef de nos églises. »

Le Juif de Jérusalem m'a paru moins laborieux, moins entreprenant que les Juifs de l'Europe. Excepté un certain nombre de familles qui sont fort riches, le reste de cette population est, comme je l'ai déjà dit, très-misérable. Les Turcs les ont en horreur. Aussi les Juifs opulents, pour se soustraire à une foule d'exactions, font-ils parade d'une profonde misère, tandis que le luxe le plus étonnant règne dans l'intérieur de leurs maisons.

Quant aux Arméniens, ils sont en général laborieux, robustes, infatigables, ennemis de la mollesse, et se font remarquer par une grande sobriété. Ils exercent tous les métiers possibles. En Turquie, ils sont pour la plupart *sarrafs* ou changeurs; cette dernière profession est la source de leurs richesses immenses. Ils courent presque tout le monde, et vous les voyez aller d'Ispahan à Marseille. Ceux de Jérusalem sont très-actifs et se montrent rigoureux observateurs de leur religion. Ils observent l'abstinence le mercredi et le vendredi, ainsi que pendant tout le carême, se privent de l'usage de la viande, des œufs, du laitage, du poisson et de l'huile; alors ils ne se nourrissent que de riz, d'herbes, de fruits, de légumes, mais aussi souvent que cela leur convient, de sorte qu'à proprement parler, ils ne jeûnent pas; ils s'abstiennent seulement de certains aliments. Ils mangent de la viande le samedi, jour presque aussi saint pour eux que le dimanche.

Ce fut un samedi que nous assistâmes à une messe solennellement célébrée dans le couvent des Franciscains. A l'heure de l'office, le prêtre parut revêtu des ornements sacrés, portant une chasuble semblable à un pluvial ou une chape qu'il devait replier par-dessus les bras pour exécuter les cérémonies. Il était coiffé d'un bonnet ayant quelque rapport avec la tiare pontificale, tissu d'or et d'argent et surmonté d'une croix. Le prêtre était assisté d'un diacre, revêtu seulement d'une aube et d'une étole: ce dernier chantait derrière le célébrant, qui se tournait de temps en temps vers le peuple pour lui donner sa bénédiction. Au moment de l'offertoire, il fit le tour de l'autel avec ses assistants; car, outre le diacre, il était accompagné de plusieurs autres ministres. J'en vis deux qui portaient un bâton au bout duquel il y avait une plaque ronde en argent, garnie de tous côtés de petites clochettes qu'ils sonnaient souvent, surtout à l'offertoire et à la consécration.

A Jérusalem, comme dans tout l'Orient, l'éducation des femmes est fort restreinte ; la broderie, les ouvrages à l'aiguille, voilà ce qui leur est permis, voilà en quoi elles excellent. Aussi s'occupent-elles beaucoup de leur toilette, qui, chez les riches, dégénère en une dépense abusive.

L'éducation des hommes n'est guère plus soignée, et, sauf quelques rares exceptions, les habitants sont d'une ignorance qui ferait rougir un simple artisan français.

Les environs de Jérusalem produisent tout ce qui est nécessaire à la vie ; les fruits y sont excellents, mais peu multipliés dans leurs espèces. Les raisins, les figues, les melons d'eau, les olives surtout sont d'une qualité supérieure. On ne fait point usage de bœuf ; on ne connaît, pour ainsi dire, à Jérusalem, que la viande d'agneau ou de chevreau. La volaille y est abondante. Quant au pain, il est dur et manque de saveur. Les denrées, en général, y sont à très-bon compte. Toutefois, la consommation n'est pas grande dans l'ancienne capitale de la Palestine, dont les habitants, ainsi que ceux de la Syrie, sont extrêmement sobres, vertu qui les garantit d'une foule de maladies qui affligent l'Europe.

J'ai été, un matin, témoin d'un mariage au couvent. Les cérémonies, en cette circonstance, sont les mêmes que celles qui se pratiquent dans les églises catholiques de l'Europe. Toutefois, un usage ridicule m'a frappé de surprise. Non-seulement les femmes se plâtrent les joues de vermillon, se peignent les dents et les sourcils , mais elles se teignent même les lèvres et le menton.

Cette coutume bizarre est de la plus haute antiquité ; car Jézabel, lorsque Jéhu, proclamé roi par l'armée, entra dans Israël, eut recours à un artifice de ce genre. C'est encore à la même coutume qu'Ezéchias fait allusion (chap. XXIII, 40), lorsqu'il représente la cité sainte sous l'image d'une femme mondaine. . . . . . . *Vous vous êtes peint les yeux et vous vous êtes revêtue de belles parures.*

# VIII.

Béthanie. — La mer Morte. — Le Jourdain. — Jéricho.

Mon père, toujours fidèle observateur des usages
d'Orient, n'avait pas manqué d'envoyer, à son arrivée,
quelques présents au gouverneur de Jérusalem : cette
attention, un peu intéressée, avait produit le meilleur effet
du monde ; car, dans la visite que nous lui fîmes, il nous
combla d'amitiés et nous assura même de sa haute protection. Il nous tint parole, et le jour que nous nous dirigeâmes vers le fleuve si plein de souvenirs, vingt Turcs
bien armés furent à nos ordres. A peu de distance de
Jérusalem nous vîmes le village de Béthanie, aujour-
d'hui Lazarie, célèbre par la résurrection de Lazare. Les
ruines du bâtiment où fut opéré ce grand miracle
existent encore. M. Michaud prétend que ce sont les ruines
d'un ancien monastère. La grotte sépulcrale, qui avait
été enfermée dans son enceinte, n'offre rien de curieux. On y voit un autel de chétive apparence, sur le-

quel on dit la messe tous les ans. Plus loin nous aperçûmes des tentes d'Arabes ou Bédouins ; elles étaient
couvertes d'un drap grossier de couleur sombre et rangées
en cercle. Des chameaux et d'autres animaux domestiques
erraient à l'entour. Ces hommes extraordinaires nous re-
gardèrent tranquillement passer , sans témoigner la
moindre volonté de nous attaquer, notre escorte imposant
à ces pillards de profession. Après six heures de marche,
nous arrivâmes, sans le moindre accident, à un vaste
monastère consacré au législateur des Juifs , et dont la
mémoire est également vénérée des Turcs et des chrétiens.
Les premiers croient même que Moïse est inhumé en ce
lieu. On sait qu'il rendit le dernier soupir sur la montagne de Nébo , sans être entré dans la terre promise,
et que son corps fut déposé dans la vallée de Moab, en
face de Beth-Peor. Mais aujourd'hui on ne connaît pas
l'emplacement précis de son tombeau. Le couvent, bien
que spacieux , est pour ainsi dire abandonné, et ne sert
accidentellement qu'à loger un santon. Nous nous reposâmes deux ou trois heures sur le pavé , dans l'une des
cours intérieures, et nous nous remîmes en route, guidés
par la clarté des étoiles, dans des chemins obscurs et ro-
cailleux. Enfin nous arrivâmes sur les bords du lac de
Soufre, terre jadis féconde, pays charmant, et qui aujourd'hui atteste les crimes des hommes et le courroux
des cieux.

A nous voir marcher en silence, au milieu de la nuit et
de cette solitude, dont les convulsions rappellent une des
plus grandes catastrophes de la Bible, Sodome, Gomorrhe,
Adama, Séboïm, Ségor, villes infâmes et corrompues qui

furent détruites par le feu du ciel, on aurait pu nous prendre pour un cortége funèbre qui traversait la vallée de la mort.

Parvenus au bord de l'eau, nous mîmes pied à terre et nous attendîmes, étendus sur le sable, le lever de l'aurore. Après notre réveil, nous nous dirigeâmes vers l'embouchure du Jourdain, éloignée d'environ une lieue. Ce fleuve, qui prend sa source dans les montagnes d'Hermon, traversant les lacs de Séméchon et de Tibériade, se jette dans la mer Morte, après un cours d'environ cinquante lieues. Le Jourdain partageait la terre promise en deux parties; celle qui est à l'orient est beaucoup plus étroite que l'autre. L'endroit où s'effectua le passage miraculeux du fleuve, quand Josué, à la tête des Israélites, entra dans la terre promise, était à 4 kilomètres 444 mètres au-dessus de son embouchure, entre le sud et l'orient de Jéricho.

Le lac Asphaltide, ou mer Morte, qui a remplacé cette fertile vallée où s'élevaient les villes de la Pentapole, est nommé aujourd'hui par les Arabes *Bahhéiret-Lûth,* ou *Bahharêt-Lûth,* ou *Bisket-Lûth* (mer de Loth). Son eau est claire et limpide, mais aussi salée qu'une eau amère de saline. Le sel qu'on en retire est d'excellente qualité, et se produit surtout sur la rive orientale, en gros morceaux, souvent de 32 centimètres d'épaisseur. Cette production a lieu dans les endroits inondés par la mer, au temps des pluies; car les Arabes ne se donnent pas la peine de creuser des fossés pour y faire évaporer l'eau. Les pierres mêmes des bords se couvrent, comme dans nos salines, d'une incrustation calcaire et gypseuse. Ce sel n'est employé que dans une partie de la Palestine.

Au nombre des cours d'eau qui se jettent à l'occident de la mer morte et du Jourdain, et dont il est fait mention dans l'Écriture, on compte le *Nehel-Escol*, c'est-à-dire *le torrent de la Grappe*, ainsi appelé des belles grappes de raisin que les espions de Moïse y cueillirent en quittant le territoire d'Hébron pour revenir à Cadès-Barné.

Le Jourdain, à son embouchure, est profond et rapide; il roule un volume d'eau considérable. Sa largeur est d'environ trois cents pieds; le courant est si violent, qu'un Turc, habile nageur, ayant voulu le traverser, fut contraint d'y renoncer.

M. Michaud, dans sa *Correspondance d'Orient*, complète le récit de M. de Chateaubriand:

« Le Jourdain, en se jetant dans la mer Morte, élargit son lit et devient peu profond; là, les bords du fleuve sont fangeux et couverts de roseaux; des troupes de canards sauvages battent de leurs ailes les flots de l'embouchure, et plusieurs s'envolent au delà du lac. Le fleuve serpente sous une double ligne de saules et de roseaux; la rive est sablonneuse; çà et là croissent des touffes de tamarin, de palma-christi et d'agnus-castus. Pendant que les pieuses caravanes désirent ardemment visiter l'endroit où Jésus-Christ reçut le baptême, elles ont sans cesse à redouter des bandes de Bédouins, plus redoutables que les bêtes du désert. Les pèlerins, à peine arrivés, quittent leurs vêtements, et, poussant des cris d'allégresse, entrent dans le fleuve. Chaque chrétien plonge sa tête trois fois dans l'onde sacrée en faisant

des signes de croix ; les prêtres grecs répandent eux-
mêmes l'eau baptismale sur la tête de plusieurs pèlerins.
Les Grecs boivent l'eau du Jourdain tant qu'ils peuvent
et se baignent avec une joie religieuse. En purifiant leur
corps, ils croient purifier leur âme ; selon eux, le fleuve
emporte toutes les souillures, et chaque pèlerin, au sortir
du Jourdain, voit s'ouvrir pour lui les portes du ciel. Ils
arrachent en outre des branches de saule, en mémoire
de leur pèlerinage, et font une bonne provision d'eau
dans des sacs de cuir.

« Si le torrent de Cédron (ou de la Tristesse) doit gémir
en coulant, il n'en est pas de même pour le Jourdain ; le
murmure de chaque flot qui passe est comme un accent
joyeux. Ce lieu fut toujours un lieu saint pour les disciples
de l'Évangile ; dans les premiers siècles de l'Église, les
fidèles s'y rendaient des pays les plus lointains pour
régénérer leur foi. Pendant le moyen âge, que de chrétiens d'Occident sont venus visiter ses bords ! M. de Chateaubriand a placé en cet endroit la scène du baptême de
Cymodocée, l'héroïne des *Martyrs*. Saint Jérôme est appelé pour verser sur le front de la jeune vierge l'eau du
fleuve régénérateur. »

D. Géramb, après s'être plongé dans le Jourdain, prononça, d'une voix profondément émue, les paroles
suivantes :

« Mon Dieu, Dieu tout-puissant, et surtout Dieu tout
« bon, tout clément, tout miséricordieux, je viens hum-
« blement à l'endroit où fut baptisé votre Fils, mon Sau-
« veur, renouveler du fond de mon âme les engagements
« sacrés de mon baptême. Je renonce à Satan, à ses

« pompes, à ses œuvres, et je me donne entièrement à
« vous, ô mon Dieu! pour vous aimer et vous servir
« jusqu'au dernier soupir de ma vie. »

M. de Lamartine le décrit de la manière suivante :

« Le Jourdain sort en serpentant du lac, se glisse dans
la plaine basse et marécageuse d'Esdrelon, à environ cinquante pas du lac ; il passe en bouillonnant un peu et
en faisant entendre son premier murmure sous les arches
ruinées d'un pont d'architecture romaine. C'est là que
nous nous dirigeons par une pente rapide et pierreuse,
et que nous voulons saluer ses eaux consacrées dans les
souvenirs des deux religions. En peu de minutes nous
sommes à ses bords, nous descendons de cheval, nous
nous lavons la tête, les pieds et les mains dans ses eaux
douces, tièdes et bleues comme les eaux du Rhône, quand
il s'échappe du lac de Genève. Le Jourdain, dans cet endroit, qui doit être à peu près le milieu de sa course, ne
serait pas digne du nom de fleuve dans un pays à plus
larges dimensions ; mais il surpasse cependant de beaucoup le Céphisme et l'Eurotas, et tous les fleuves dont
les noms fabuleux ou historiques retentissent de bonne
heure à notre oreille et nous présentent une image de
force, d'abondance et de rapidité que l'aspect de la réa-
lité détruit. Le Jourdain lui-même est plus qu'un torrent;
quoiqu'à la fin d'un automne sans pluie, il roule doucement, dans un lit d'environ cent pieds de large, une nappe
d'eau de deux ou trois pieds de profondeur, claire,
limpide, transparente, laissant compter les cailloux de
son lit, et d'une de ces belles couleurs d'eau qui rendent
toute la teinte profonde d'un firmament d'Asie. A vingt

ou trente pas de ses eaux, la plage qu'il laisse à présent
à sec est semée de pierres roulantes, de joncs et de
quelques touffes de lauriers-roses encore en fleurs. Je
bus dans le creux de ma main de l'eau du Jourdain, de
l'eau que tant de poëtes divins avaient bue avant moi,
de cette eau qui coula sur la tête innocente de la victime volontaire ; je trouvai cette eau parfaitement douce,
d'une saveur agréable et d'une grande limpidité.

« Comme tous les voyageurs qui viennent, à travers
tant de fatigues, de distances et de périls, visiter dans
son abandon ce fleuve jadis roi, je remplis quelques
bouteilles de ces eaux pour les porter à des amis moins
heureux que moi, et je jetai dans les fontes de mes
pistolets les cailloux que je ramassai sur les bords de
son cours. Que ne pouvais-je emporter aussi l'inspiration
sainte et prophétique dont il abreuvait jadis les bords
de ses sacrés rivages, et surtout un peu de cette sainteté,
de cette pureté d'esprit et de cœur qu'il contracta sans
doute en baignant le plus pur et le plus saint des enfants
des hommes ! »

Lord Byron lui-même, dans un moment de sublime
inspiration, s'est écrié :

« Sur les rives du Jourdain errent les chameaux de
l'Arabie ; sur la colline de Sion prient les ministres
des faux dieux; les adorateurs de Baal fléchissent les
genoux sur le rocher de Sinaï.... Et dans ce lieu.... dans
ce lieu même, ô grand Dieu ! ta foudre dort en silence.

« Dans ce lieu... où ton doigt brisa la table de pierre...,
où ton ombre brilla sur ton peuple..., où ta gloire s'enve-

loppa de ton vêtement de feu..., tu ne te montreras donc
plus pour frapper de mort celui qui te verrait !

« Oh ! que ton regard étincelle dans l'éclair de la
foudre ! Arrache la lance à la main brisée de l'oppres-
seur. Combien de temps encore la terre choisie sera-
t-elle foulée par le pas des tyrans ? Combien de temps encore ton temple restera-t-il sans culte, ô mon Dieu ? »

Les rives du Jourdain, autrefois fréquentées par les
lions, selon l'expression de Jérémie : « Voici qu'il viendra,
comme un lion, des flots du Jourdain, dans la demeure
du fort, » ont cessé depuis longtemps d'être infestées de
pareils hôtes. Ce fleuve, au moment où il se jette dans
la mer Morte, est d'une couleur terne et répand alors
une odeur de soufre qui, à quelques pas de distance, est
à peine sensible.

« J'ai visité la mer Morte, dit M. Michaud, à trois
quarts de lieue à l'ouest de l'embouchure du Jourdain ; il
était sept heures du matin ; une brise légère soufflait
alors ; la surface du lac était ridée, et ses ondes bat-
taient paisiblement la rive. La mer n'exhale ni vapeur
ni fumée, l'air est pur autour d'elle ; les flots sont aussi
brillants, aussi azurés que ceux de l'Archipel et de l'Hel-
lespont ; ce qu'on dit de l'amertume et du mauvais goût
de ces eaux est parfaitement exact ; j'en ai goûté dans le
creux de la main, et j'en ai eu le cœur malade pendant un
quart d'heure. Une blanche bordure de sel entoure le
lac et se mêle à un bitume rougeâtre déposé par les
eaux. J'ai vu, sur la rive, de petits coquillages et des
cailloux comme on en voit sur le rivage des mers. Nos
savants naturalistes se demandent encore s'il existe des

poissons dans la mer Morte ; je puis vous donner la
solution de ce problème : oui, il existe des poissons dans
la mer Morte ; ils sont en général maigres et petits. Le
vieux cheik qui nous accompagnait et deux de nos cavaliers arabes m'ont dit qu'ayant voulu un jour en manger, ils leur trouvèrent un goût si empesté, qu'ils furent
obligés de les jeter. J'aurais bien voulu me baigner
dans la mer Morte, pour résoudre par moi-même la question de savoir si l'eau est assez pesante pour soutenir
le corps de l'homme ; je craignais le retour de la fièvre,
et je n'ai point osé entrer dans le lac ; mais l'un des
voyageurs anglais qui nous avaient suivis a fait devant
moi cette expérience ; il s'est étendu sur l'eau, cherchant
à s'enfoncer, et j'ai vu son corps flotter à la surface
comme un tronc d'arbre. Vespasien, si l'on en croit Josèphe, fit la même expérience : il lança dans la mer Morte
plusieurs esclaves, les pieds et les mains liés , et pas un
n'alla au fond. Le voyageur Pococke plongea dans le lac,
et ne put parvenir à s'enfoncer ; d'autres voyageurs se
sont aussi assurés du phénomène. On trouve, dans quelques endroits du lac, des ulves aux lanières longues
et déliées, comme dans nos lacs et nos étangs d'Europe.
Je n'ai point vu la caille d'Arabie, dont parlent quelques
voyageurs, la même, dit-on, qui nourrit les Hébreux dans
le désert. Hasselquist nous dit qu'elle mérite seule qu'on
fasse le voyage de la mer Morte. »

Quelques voyageurs ont attribué à ces eaux une influence redoutable sur les oiseaux, telle que Virgile dépeint
celle du lac voisin du promontoire de Misène :

« Au milieu d'une ténébreuse forêt, et sous d'affreux

rochers, est un antre profond, environné des noires eaux
d'un lac. De sa large ouverture s'exhalent d'horribles va-
peurs, et les oiseaux ne peuvent voler impunément au-
dessus de ce gouffre infect. De là vient que les Grecs lui
ont donné le nom d'Averne. »

Je crois cette assertion exacte. Bien que je n'aie distingué aucune trace qui annonçât des oiseaux aquatiques,
j'ai cru remarquer sur le sable l'empreinte de pattes d'oiseaux, dont quelques-unes, à en juger par la grosseur,
devaient être des serres d'aigle ou de vautour.

Quant aux pommes qui croissent près du lac de Bitume,
où brûla Sodome, et qui, suivant l'historien Josèphe,
brillent aux yeux et tombent en poussière aussitôt qu'on
les a cueillies, je ne puis résoudre une question traitée
d'une manière plus ou moins opposée par la plupart des
écrivains qui ont signalé leur existence.

La distance de Jéricho à la mer Morte est de deux lieues
environ. Malgré l'impatience de notre escorte, nous par-
courûmes cette route triste, dépouillée, sans culture et
sablonneuse, où de grosses sauterelles rouges voyagent
par bandes innombrables. Après une marche rapide,
quoique très-pénible, nous atteignîmes Jéricho, aujourd'hui *Rha*, chétif village situé à vingt-huit kilomètres au nord-est de Jérusalem. On y voyait encore
du temps du voyageur Pococke le sycomore où Zachée,
chef des publicains, monta pour voir passer l'Homme-
Dieu. C'est en sortant de cette ville que Jésus-Christ,
étant suivi d'une grande troupe de peuple, rendit la vue
à deux aveugles.

Le désert où le Sauveur jeûna est dans les montagnes

de Jéricho. La montagne sur le sommet de laquelle il fut transporté par le démon est la plus haute. Un abîme profond est creusé dans le bas, comme pour en interdire l'accès. Au sud de Jéricho, dans un pays extrêmement fertile et couvert d'arbres et de pâturages, est le lit d'un petit torrent qui passe auprès d'une source dont l'eau est plutôt chaude que froide. Cette source est la fontaine d'Elisée, que cet homme de Dieu rendit saine à la prière des habitants, en jetant du sel dedans, lorsqu'il prononça ces paroles : « Ainsi, par le Seigneur, j'ai purifié ces eaux ; elles ne donneront plus la mort, et la terre ne sera plus stérile. »

Jéricho, dont le nom signifie *lune*, parce que sa construction avait la forme d'un croissant, ou parce que cet astre y était adoré, s'appelait aussi la *Cité des Palmes*.

Ce fut la première conquête des Juifs en deçà du Jourdain. On sait de quelle manière miraculeuse ils s'en rendirent maîtres. Après que l'arche eut été portée sept fois autour de la ville, les murs et les tours qui la rendaient inexpugnable s'écroulèrent sur-le-champ. Tout fut détruit, à l'exception de la maison de Rahab, que sa foi dans le Dieu d'Israël sauva avec toute sa famille. Cette femme avait reçu et caché les espions envoyés par Josué, qui prononça un anathème contre quiconque entreprendrait de relever cette ville maudite. Hiel, idolâtre de Béthel, entreprit, sous le règne d'Achaz, de la rebâtir entièrement ; il perdit son fils aîné, lorsqu'il en jeta les fondements, et le plus jeune, quand il en posa les portes.

Du temps des Machabées, Jéricho fut occupée par un général de l'armée de Démétrius, qui la munit d'une bonne citadelle. Elle fut embellie et richement ornée par les derniers rois de Juda. Hérode le Grand y habitait un superbe palais, lors de l'arrivée des mages. Les riches y exerçaient leurs chevaux dans un magnifique hippodrome. Pendant les guerres des Romains contre les Juifs, et principalement lors du siége de Jérusalem par Titus, Jéricho fut détruite par ses propres habitants. Adrien la fit rebâtir une troisième fois, et du temps de saint Jérôme elle était encore très-considérable. Après que les Français se furent rendus maîtres de la terre sainte, le roi de Jérusalem donna cette ville à l'église du Saint-Sépulcre, qui en fut dépouillée par un patriarche. Plus tard, Mélisende, reine de Naples, en gratifia les religieuses de Béthanie.

Guillaume de Tyr l'appelle un lieu fameux, dont le riche territoire produisait le baume de Judée si vanté et les merveilleuses roses qui se distinguent des autres fleurs par leur incorruptibilité. Cette rose, sans beauté, sans odeur, se rassemble en jolis bouquets à quatre ou cinq pouces de terre, d'abord vermeille, puis blanchâtre; quand on la laisse quelque temps dans l'eau, elle s'ouvre et s'épanouit; si on la retire, elle se resserre et se ressent visiblement de la température de l'air. C'est pour cela que l'Église compare l'humilité profonde de la sainte Vierge à la petitesse de la rose de Jéricho.

Au temps des croisades, cette ville avait un évêché dépendant de Jérusalem et trois monastères. Séparée de la métropole par un affreux désert, elle était exposée aux attaques des ennemis de la croix plus qu'une autre ville;

aussi fut-elle une des premières places que perdirent les rois de Jérusalem.

Mais aujourd'hui on ne voit pas un seul palmier autour de la *Cité des Palmes*. Jéricho a même perdu ses roses, qui ont donné lieu à tant de merveilleux récits. Mais en revanche, dit M. Michaud, on y trouve trois espèces d'arbres à fruits qui ne se rencontrent pas ailleurs, entre autres une sorte de prunier; la plupart des rosaires qu'on vend à Jérusalem sont faits avec des noyaux de ce fruit, qui donne encore une huile vulnéraire estimée dans le pays.

A l'aspect de ce misérable village formé de cabanes et de huttes de boue, de quelques sycomores, de quelques espaces de terre semés d'orge et de blé, je me rappelai la description de Josèphe : ce récit nous reporte au 1er siècle de l'ère chrétienne et prouve que, dans les régions musulmanes, ce qui est détruit est détruit.

« Le prophète Élisée, ayant été fort humainement reçu par les habitants de Jéricho, voulut leur en témoigner sa reconnaissance par une grâce dont eux et tout le pays ne verraient jamais cesser les effets. Il mit dans le fond de la fontaine, dont l'eau n'était pas potable, une cruche pleine de sel, leva les yeux et les mains au ciel, fit des oblations sur le bord de cette source, pria Dieu d'adoucir les eaux des ruisseaux dont elle arrosait la terre, comme par autant de veines; de tempérer l'air pour les rendre encore plus douces, de donner en abondance des fruits à la terre et des enfants à ceux qui la cultivaient; que les eaux ne cessassent jamais de leur être favorables, tant qu'ils demeureraient justes. Une si ardente prière eut le pouvoir de changer la nature de cette fontaine, et depuis elle a rendu les terres aussi fécondes qu'elle les rendait stériles autrefois. La vertu de ces eaux est si grande, qu'il suffit d'en arroser un peu la terre pour la rendre très-fertile; et les lieux où elles demeurent longtemps ne rapportent pas davantage que si elles ne faisaient que d'y passer, comme si elles voulaient punir ceux qui les arrêtent dans leurs héritages de se défier de leurs merveilleux effets. Il n'y a point de fontaine dont le cours soit aussi long.

« Le pays qu'elle traverse a soixante-dix stades de long et vingt de large. On y voit quantité de très-beaux jardins, où elle nourrit des palmiers de diverses espèces et dont les noms et le goût de leurs fruits sont différents. Il y en a de qui, lorsqu'on les presse, il sort du miel qui diffère peu du miel ordinaire, dont ce pays est très-abondant. On y voit aussi en grand nombre, outre des cyprès et des myrobolans, de ces arbres d'où distille le baume, cette liqueur que nul fruit ne peut égaler. Ainsi l'on peut dire, ce me semble, qu'un pays où tant de plantes si excellentes croissent en telle abondance a quelque chose de divin; et je doute qu'en tout le reste du monde il s'en trouve un autre qui puisse lui être comparé, tant tout ce que l'on y plante ou que l'on y sème s'y multiplie d'une manière incroyable. On doit, à mon avis, en attribuer la cause à la chaleur de l'air et au pouvoir singulier qu'a cette eau de contribuer à la fécondité de la terre. L'un fait ouvrir les fleurs et les feuilles, et l'autre fortifie les raisins par l'augmentation de la sève durant les ardeurs de l'été, qui sont si extraordinaires, que, sans ce rafraîchissement, rien ne pourrait croître qu'avec une extrême peine. Mais quelque grande que soit cette chaleur, il s'élève le matin un petit vent qui rafraîchit l'eau que l'on puise avant le lever du soleil. Durant l'hiver, elle est toute tiède ; et l'air y est si tempéré, qu'un simple habit de toile suffit, lorsqu'il neige dans les autres endroits de la Judée. Ce pays est éloigné de Jérusalem de cent cinquante stades (trois lieues environ), et du Jourdain de soixante. L'espace qu'il y a jusqu'à Jérusalem est pierreux et tout désert ; et quoique celui qui s'étend jusqu'au Jourdain et au lac Asphaltide ne soit pas si élevé, il n'est pas moins stérile ni plus cultivé. »

Après un léger repas non loin des ruines de Jéricho, nous nous préparâmes à retourner à Jérusalem. Il était trois heures passées, et la chaleur retardait la marche des chevaux ; aussi n'arrivâmes-nous que sur les neuf heures aux portes de la ville. Elles étaient fermées, et nous fûmes obligés de faire un circuit de trois quarts de lieue pour entrer par celle de Damas, que les Turcs firent ouvrir, en déchargeant leurs pistolets.

Mon père récompensa généreusement son escorte, qui, pleine de joie, fit une seconde décharge, au grand effroi de toute la ville.

# IX.

N'ayant pu visiter le Liban, le premier séjour des
habitants de la terre, le Mont-Blanc de la terre promise,
d'où la mystérieuse colombe de la Bible vient à la voix de
l'époux (*Veni de Libano, columba mea*), je dois emprunter
à M. de Lamartine une description pittoresque de ces deux
chaînes de montagnes, qui, presque parallèles entre elles,
sont séparées par une vallée qu'arrose le *Nahr-Qasmié*.
C'est ce vallon qui est appelé dans l'Écriture le passage
d'*Émath*, et qui plus tard fut désigné sous le nom de
*Cœle-Syria*, ou Syrie-Creuse. Cependant je ferai observer
que les auteurs anciens diffèrent sur les bornes de cette
province, ou plutôt de ce canton; car Ptolémée et Pline

ne sont pas d'accord entre eux. Le dernier dit simplement *Cœle*, et sous-entendu *Syria*. L'Hermon, aujourd'hui *Dschibbal-el-Schech*, assez souvent nommé *Sanir* et *Sarion* dans l'Écriture, était au nord de la Batanée.

« Le Liban, dont le nom doit s'étendre à toute la chaîne du Kesraouan et du pays des Druses, présente tout le spectacle des grandes montagnes. On y trouve à chaque pas des scènes où la nature déploie tantôt de l'agrément ou de la grandeur, tantôt de la bizarrerie, toujours de la variété. Arrive-t-on par la mer, et descend-on sur le rivage, la hauteur et la rapidité de ce rempart, qui semble fermer la terre, le gigantesque des masses qui s'élèvent dans les nues, inspirent l'étonnement et le respect. Si l'observateur curieux se transporte ensuite jusqu'aux sommets qui bornent sa vue, l'immensité de l'espace qu'il découvre devient un autre sujet d'admiration ; mais pour jouir entièrement de la majesté de ce spectacle, il faut se placer sur la cime même du Liban ou du *Sannine*. Là, de toutes parts, s'étend un horizon sans bornes ; là, par un temps clair, la vue s'égare et sur le désert qui confine au golfe Persique, et sur la mer qui baigne l'Europe ; l'âme croit embrasser le monde. Tantôt les regards, errant sur la chaîne successive des montagnes, portent l'esprit, en un clin d'œil, d'Antioche à Jérusalem ; tantôt, se rapprochant de ce qui les environne, ils sondent la lointaine profondeur du rivage. Enfin, l'attention, fixée par des objets distincts, examine avec détail les rochers, les bois, les torrents, les coteaux, les villages et les villes. On prend plaisir à trouver petits ces objets qu'on a vus si grands. On regarde avec complaisance la vallée couverte de nuées orageuses, et l'on sourit d'entendre sous ses pas ce tonnerre qui gronda 'si longtemps sur la tête ; on aime à voir à ses pieds ces sommets jadis menaçants, devenus, dans leur abaissement, semblables aux sillons d'un champ et aux gradins d'un amphithéâtre ; on est flatté d'être devenu le point le plus élevé de tant de choses, et un sentiment d'orgueil les fait regarder avec plus de complaisance.

« Lorsque le voyageur parcourt l'intérieur de ces montagnes, l'aspérité des chemins, la rapidité des pentes, la profondeur des précipices commencent à l'effrayer. Bientôt l'adresse des mulets qui le portent le rassure, et il examine à son aise les incidents pittoresques qui se succèdent pour le distraire. . . . . . . . . . . . . . .

« Au mois de novembre (le temps est aussi beau qu'au mois de mai en France), aussitôt que les pluies ont commencé, c'est un nouveau printemps ; les escarpements cultivés du Liban et les collines fertiles des environs de Bayruth sont tellement couverts de végétation en peu de jours, que la terre est entièrement cachée sous la mousse, l'herbe, les lianes et les fleurs. . . . . . . . . . . . . . .

« S'il y a tant à voir et à admirer, à s'étonner et à se confondre dans un seul petit coin de la nature , que sera-ce quand le rideau des mondes sera levé pour nous, et que nous contemplerons l'ensemble de l'œuvre sans fin ? Il est impossible de voir et de réfléchir sans être inondé de l'évidence intérieure, où se réfléchit l'idée de Dieu. Toute la nature est semée de fragments étincelants de ce miroir où Dieu se peint. »

On évalue à plus de deux cents le nombre des monastères dont le Liban est semé. Les moines observent rigoureusement la règle de Saint-Antoine, et plusieurs, comme leur saint fondateur, demeurent dans les antres et les cavernes.

Les cèdres du Liban, par un privilége qui leur est commun avec les oliviers de la même région, se renouvellent et se perpétuent pour cacher aux regards indiscrets le mystère de leur antique origine, pour rappeler les grands et religieux événements qui se sont passés sous leur ombrage, et pour couronner enfin dignement la montagne dont l'histoire se lie à celle de Jérusalem, au temple des Juifs et à l'admirable pays dont ils font l'ornement.

« Quelques-uns des cèdres actuels, dit D. Géramb, à une certaine hauteur, se divisent en cinq ou six branches qui, sortant de la même tige, forment autant d'arbres nouveaux implantés, pour ainsi dire, dans le tronc, et dont le contour est tel, que deux hommes ne pourraient l'embrasser. Leur cime, proportionnée à l'énormité de leur grosseur, s'élève majestueusement vers les cieux et présente comme un vaste dôme de verdure sous lequel le chrétien a le bonheur de trouver des autels érigés au Dieu qu'il adore, et l'ingrat philosophe tout au moins un frais et délicieux ombrage, où il peut se délasser de ses fatigues.

« Tous les ans, le jour de la Transfiguration, les Maronites vont célébrer sur la montagne la *fête des Cèdres*. Le patriarche y monte, suivi de plusieurs évêques, d'un grand nombre de religieux et d'une multitude considérable de fidèles. Le saint sacrifice y est offert sur des autels de pierre dressés au pied des arbres les plus gros. »

Trois populations différentes, dont deux se rapprochent par leurs croyances', habitent les parties accessibles et cultivables du Liban : les Maronites, les Druses et les Métuolis. Les premiers, qui participent de toutes les vertus de leur clergé et forment un peuple à part dans tout l'Orient, sont hospitaliers envers les Européens, profondément religieux et braves comme tous les montagnards. Les Druses sont idolâtres. L'émir Fakhr-Eddin les a rendus célèbres, même en Europe, au commencement du XVIIᵉ siècle. Leur religion est un mystère que nul voyageur n'a jamais pu percer. Ils adorent le veau, et les femmes sont admises au sacerdoce. Divisés entre les *savants* et les *ignorants*, ils vénèrent Moïse, Mahomet et Jésus. Les Métuolis, qui forment environ le tiers de la population du bas Liban, sont des mahométans de la secte d'Ali, dominante en Perse. Ils ne boivent ni ne mangent avec les sectateurs d'une autre religion que la leur, et brisent le verre ou le plat qui a servi à l'étranger.

Peu de voyageurs, après avoir visité la terre sainte et fait une excursion aux doubles montagnes du Liban, se sentent le courage de compléter leur instruction biblique en traversant les déserts de l'Arabie Pétrée et en gravissant les pentes du mont Sinaï, vaste rocher de granit, au sommet duquel Dieu donna sa loi à Moïse, au milieu des foudres et des éclairs. Aucun obstacle ne put arrêter D. Géramb, qui du Caire arriva, au bout de trois jours de marche dans le sable fluide et brûlant, à la ville de Suez, où le pieux voyageur coucha dans la chambre que Bonaparte avait occupée. Cette ville, aussi triste que ses environs, a donné son nom à l'isthme ou langue de terre qui

joint l'Afrique à l'Asie. Enfin, après dix jours de fatigue
et de persévérance, D. Géramb aperçut la cime auguste
du Sinaï, terme de son voyage. Le lendemain, la sainte
montagne disparut à ses yeux. Après deux heures d'une
montée pénible, il atteignit un vallon pierreux, au milieu
duquel se trouve le célèbre monastère de la *Transfiguration.* En cet endroit, on est élevé de cinq mille cinq cents
pieds au-dessus du niveau de la mer Rouge. Arrivé près
du couvent, le courageux trappiste fut, à l'aide d'une
longue corde, hissé à la hauteur de quarante pieds au
moins, et introduit dans la communauté.

Le monastère de la Transfiguration est une espèce de
petit village entouré de hautes murailles, dont les pierres
sont d'énormes blocs de granit. Excepté l'église, tout y
est pauvre. Le couvent proprement dit fut bâti en 527 par
l'empereur Justinien ; on y voit encore l'édifice qui servait d'église aux catholiques, et d'où ils furent expulsés, il
y a cent quarante ans, par les Grecs schismatiques. La
beauté de l'église, éclairée par une multitude de lampes
d'argent et de vermeil, est remarquable ; ce sont autant
de cadeaux faits par les Russes, parce que le corps de
sainte Catherine, pour laquelle ils ont une grande vénération, y repose.

Une des choses les plus remarquables au monastère de
la Transfiguration, c'est l'abondance de l'eau, qui ne tarit
jamais.

On prétend que ce fut près de ces lieux sacrés que
Moïse, fuyant la colère de Pharaon, s'arrêta et délivra les
filles de Jéthro de la violence de plusieurs bergers et tira

de l'eau pour les brebis qu'elles conduisaient. A cette nouvelle, le prêtre de Madian s'écria :

« Où est-il? Pourquoi avez-vous laissé aller cet homme? Appelez-le, afin qu'il mange ici. »

Moïse consentit à demeurer avec lui, et Raguel donna à Moïse Séphora, sa fille.

Une chapelle a été élevée à l'endroit où Dieu apparut à Moïse dans un buisson ardent et fit entendre ces paroles :

« Venez, et je vous enverrai vers Pharaon, afin que vous emmeniez de l'Égypte les enfants d'Israël, qui sont mon peuple. »

On ne peut entrer dans cette chapelle que pieds nus.

Le corps de sainte Catherine, martyre à Alexandrie, était encore intact il y a soixante ans. Mais, depuis cette époque, ses précieux restes n'ont pu être soustraits au pillage des Arabes sans de nombreux déplacements. Aussi ont-ils été altérés par l'humidité, et n'en reste-t-il plus que les parties principales. Celles qu'on peut voir sont la tête et une main très-bien conservées.

> De Dieu par une éclatante faveur,
> Ce corps sacré des ans était vainqueur.

« A dix heures du matin, dit D. Géramb, on vint me chercher, en grande cérémonie, pour me conduire vers la châsse que l'on devait ouvrir. Les supérieurs et la communauté se trouvaient à l'église ; toutes les lampes étaient allumées. On m'avait prévenu que les reliques de la sainte avaient cela de merveilleux, qu'elles répandaient autour d'elles un parfum suave. En effet, à peine la

châsse fut-elle ouverte, qu'il s'en exhala l'odeur la plus
agréable. Le supérieur prit d'abord respectueusement
dans ses mains la tête, qui était enveloppée d'un drap
d'or et surmontée d'une couronne aussi d'or, attachée
avec beaucoup d'art. Cette tête était toute noire. Puis on
tira la main, qui a conservé une extrême blancheur. Je
remarquai aux doigts, dont les ongles paraissent encore,
plusieurs bagues précieuses, une entre autres en diamants
d'une grande beauté. On me parla d'un anneau d'un bien
plus grand prix, que la [sainte avait reçu de Notre-Seigneur lui-même, et qu'elle avait au doigt lorsqu'on la découvrit sur la montagne qui porte son nom ; mais on ne
me le montra pas. Il est gardé très-religieusement et ne
peut être touché que par le patriarche.

« Comme les religieux de Saint-Sabas, du mont Liban
et de Jérusalem, ceux [de la Transfiguration ne refusent
l'aumône à personne ; les femmes et les enfants reçoivent
par jour deux petits pains, les hommes quatre et souvent
six. Autrefois, à cette distribution, la communauté se
voyait obligée d'ajouter de l'huile et même de l'argent ;
mais, les Bédouins ayant arrêté une caravane du vice-roi
qui se rendait de Tor, sur la mer Rouge, au Caire,
Méhémet a déchargé les pauvres pères d'un tribut si
onéreux.

« Aux environs du monastère, campent, sous des tentes,
près de cinquante familles arabes, qui lui appartiennent
en quelque sorte ; elles ont du bétail, des chameaux ;
moyennant un prix convenu, elles se chargent de tous les
transports qui sont à faire pour la communauté. Ce sont
elles aussi qui fournissent des montures aux voyageurs. »

A la bibliothèque du couvent, on voit une copie d'un édit de Mahomet adressé à tous les chrétiens :

« Si un prêtre ou un ermite se retire dans une montagne, grotte, plaine, désert, ville, village ou église, je serai derrière lui comme son protecteur contre tout ennemi.

« Il est défendu de charger de contributions les prêtres, les évêques et les dévots.

« Lorsqu'une femme chrétienne ira chez les musulmans, ils devront la bien traiter et l'autoriser à aller faire la prière dans une église, sans mettre d'obstacle entre elle et sa religion.

« Les chrétiens seront aidés à conserver leurs églises et leurs maisons, ce qui les aidera à conserver leur religion ; ils ne seront pas obligés de porter les armes. »

Si le vaste désert au milieu duquel est situé le mont Sinaï fait pâlir les plus intrépides voyageurs, ce sont bien d'autres terreurs quand il faut gravir du monastère à la cime de la montagne, pendant un espace de plus de deux mille pieds, au milieu de roches nues qui surplombent souvent et vous arrêtent tout à coup dans votre marche déjà si pénible.

D. Géramb, déterminé à surmonter toutes les difficultés, non sans quelque effroi, se dirigea, le 1er mars, à la pointe du jour, vers le point culminant de la sainte montagne, accompagné d'un religieux, d'un Arabe et de son janissaire.

« La montée commence à quatre cents pas environ du monastère ; elle est extrêmement rude, escarpée, et fatigue d'autant plus qu'elle ne se compose, pour ainsi dire,

que de quartiers de porphyre feuilleté et de fragments de
rochers aigus. Nous avions de plus à lutter contre des
monceaux de glace, et la neige, en quelques endroits,
s'élevait à une telle hauteur, que c'était pour nous un
véritable travail de nous y frayer un passage. Au bout
d'une heure, je n'en pouvais plus. Malgré la rigueur du
temps, malgré un vent très-froid qui soufflait, j'étais tout
en nage, au point que je ne vis rien de mieux pour me
rafraîchir et me soulager que de recourir à la neige. Je
ne me rappelle pas avoir éprouvé une semblable lassitude. Cependant les souvenirs, les pensées de la foi venaient à mon aide; ils m'empêchaient de m'arrêter au
sentiment de ma faiblesse, et mes efforts croissaient en
proportion des obstacles.

« Tout présentait autour de nous un aspect triste et
sombre; tout était solitaire, silencieux; nulle trace de
verdure sur les flancs des blocs de granit, qui s'élevaient
au-dessus des glaces et des neiges dont nous étions
environnés.

« A moitié chemin, nous rencontrâmes une chapelle
dédiée au prophète Élie, et dans laquelle se trouve la
grotte où il s'arrêta, après avoir marché quarante jours
et quarante nuits jusqu'à Horeb, la montagne de Dieu.

« De la caverne d'Élie, nous poursuivîmes péniblement
notre marche à travers la neige, incessamment contrariés
par le vent du nord qui soufflait avec violence. Enfin,
l'auguste cime, se montrant à nos regards, ranima mon
courage et sembla me donner de nouvelles forces. Une
heure après tous mes vœux étaient satisfaits. Saisi d'une
religieuse terreur, je m'agenouillai; mes lèvres se col-

lèrent sur la roche sainte ; je restai longtemps prosterné, adorant en silence le Dieu miséricordieux qui, par amour pour Israël, avait daigné, des hauteurs du ciel, s'abaisser sur le Sinaï pour lui donner sa loi.... »

L'ouverture du rocher où fut placé Moïse, où la main du Seigneur le couvrit, quand toute sa gloire passa, car *l'homme ne pourrait la voir sans mourir*, existe encore et se reconnaît après quatre mille ans de l'époque où en parlait le législateur inspiré.

« Les ruines de différentes églises construites successivement en cet endroit ont un peu exhaussé les bords de *l'ouverture ;* mais on les distingue très-visiblement d'avec le rocher, dont le granit est extrêmement dur. J'y suis entré, j'y suis resté quelque temps, et, avec un fort marteau, à peine, en une demi-heure, ai-je pu en détacher quelques petits fragments.

« Je passai trois heures sur le Sinaï, et comme les apôtres sur le Thabor : « Seigneur, disais-je, il fait bon « ici, » et j'eusse voulu y dresser une tente. »

Le voyageur, marchant de prodige en prodige, après avoir descendu la montagne, se trouve tout à coup dans le vallon de Raphidim, au lieu appelé de la *Tentation*, à cause des murmures des enfants d'Israël.

Le Seigneur dit à Moïse :

« Voilà que je serai devant toi sur la pierre d'Horeb, et tu frapperas la pierre, et l'eau en jaillira, afin que le peuple boive. » Et Moïse fit ainsi en la présence des anciens d'Israël.

« Le rocher, poursuit D. Géramb, d'où la tradition raconte que Moïse fit sortir de l'eau, présente des caractères de vérité bien frappante.

« Les Bédouins attribuent une vertu merveilleuse aux excavations que l'eau a formées dans le granit du rocher ; ils y déposent de l'herbe qu'ils sont allés chercher au loin, et la donnent ensuite à manger à leurs chameaux, quand ceux-ci sont malades. »

Assis sur le rocher, D. Géramb donna un libre cours à toutes ses pensées.... Il voyait au milieu du camp l'autel sacrilége dressé par Aaron ; il voyait l'abominable idole et la multitude oubliant le Seigneur qui les avait délivrés de l'Égypte.... Il apercevait Moïse descendant en hâte le Sinaï, brisant les tables de la loi dans les transports d'une sainte colère, et les enfants de Lévi frappant de mort le frère, le proche, l'ami.

J'aurais aussi désiré visiter Damas, ville célèbre de la Syrie, dont il est souvent fait mention dans les livres sacrés. Elle subsistait dès le temps d'Abraham, et le prophète Amos l'appelait une maison de délices. Éliézer, intendant du patriarche, y avait reçu le jour. David vainquit Adarezer, roi de Damas. Teglatphalasar, roi d'Assyrie, la prit, la ruina et en emmena les habitants au delà de l'Euphrate. Elle fut aussi prise par Sennachérib, ainsi que par les généraux d'Alexandre le Grand. Métellus et Lœlius s'en rendirent maîtres, pendant que Pompée faisait la guerre à Tigrane. Arétas avait cette ville dans sa dépendance et y tenait un gouverneur, lorsque saint Paul y fut poursuivi par les Juifs. Ce nom imposant rappelle un redoutable adversaire des chrétiens, qui, après avoir obtenu du grand prêtre des lettres portant plein pouvoir de se saisir des fidèles qu'il trouverait à Damas et de les amener dans les prisons de Jérusalem, fut, presque au terme de son voyage, frappé d'une lumière divine qui le renversa de cheval, pendant qu'une voix lui criait : « Saul, Saul, pourquoi me persécutez-vous? »

L'extérieur des maisons de Damas est de la plus grande simplicité ; mais l'intérieur, au contraire, est d'une richesse étonnante.

Les musulmans prétendent que Jésus-Christ doit descendre dans une mosquée de cette ville et Mahomet paraître à Jérusalem ; c'est pour cette raison qu'elle est dédiée à saint Jean.

On voit encore à Damas le tombeau d'Ananie, maître de saint Paul. La maison du grand apôtre subsiste également : elle est petite et renferme deux cellules qui se touchent ; dans l'une est un autel à l'usage des chrétiens jacobites ; l'autre est réservée aux musulmans. On y parvient en descendant quelques escaliers.

Aux environs de Damas est un champ où les Turcs prétendent que le premier homme fut créé. Ils montrent aussi un monticule, assurant que c'est là qu'Abel fut tué par son frère.

Balbeck, au nord-ouest de Damas, est célèbre par la magnificence de ses ruines. Elle s'étend entre le Liban et l'Anti-Liban ; les uns prétendent que ce fut Héliopolis, d'autres Nicomédie.

De Balbeck on se rend à Tadmor, l'ancienne Palmyre, qu'illustra la reine Zénobie, qui mourut à Rome, esclave d'Aurélien. Ce dernier se couvrit de honte, en ordonnant le supplice de l'immortel Longin. Des portiques mutilés, des fragments de colonnes, voilà ce qui reste de cette cité fameuse, que fonda le grand roi Salomon.

Damas, qui est située à quarante-cinq lieues de Jérusalem, était, lors de la seconde croisade, défendue par de hautes murailles du côté de l'orient et du midi ; vers l'occident et le nord, par des palissades, des murs de terre et de petites tours au milieu de nombreux jardins, d'immenses vergers qui s'étendaient jusqu'au pied de l'Anti-Liban et présentaient comme une vaste forêt, traversée par des sentiers étroits, où deux hommes pouvaient à peine marcher de front.

Après des prodiges de valeur, les croisés perdirent le fruit du combat singulier de l'empereur d'Allemagne contre un Sarrasin d'une taille gigantesque, et ne rougirent pas d'abandonner, au bout de quelques jours, une entreprise dont les préparatifs avaient occupé l'Europe et l'Asie.

Un jour, je veux visiter Laodicée, qui, aux premiers temps du christianisme, possédait une église florissante, et où, assure-t-on, pas un chrétien ne réside aujourd'hui ; j'irai pleurer sur les ruines d'Antioche, jadis la rivale de Rome et d'Alexandrie, où le nom de chrétien fut donné pour la première fois à ceux qui reçurent l'Évangile. Antioche rappelle une victoire célèbre des croisés, qui ne perdirent que quatre mille combattants, tandis que les infidèles laissèrent cent mille hommes sur le champ de bataille.

C'est dans l'église Saint-Pierre d'Antioche qu'on découvrit le fer de la lance qui perça le flanc de notre Rédempteur.

Corinthe, Ephèse, Milet, célèbres par le séjour et par les prédications de saint Paul ; Patmos, où saint Jean, pendant les années de son exil, écrivit l'Apocalypse, ce livre mystérieux dans lequel les humbles trouvent de quoi nourrir leur foi, tandis que les superbes n'y savent rien lire, n'y rencontrent au contraire qu'un sujet de scandale, n'excitent pas moins ma curiosité. Si Dieu prolonge mes jours, j'espère y bénir, tôt ou tard, son saint nom, et puiser à ces pieux souvenirs les forces nécessaires pour ne pas m'arrêter dans la voie du salut.

## X.

Nous fîmes nos préparatifs de départ, et, le lendemain,
forts de la protection du gouverneur, mais le cœur vraiment navré de nos adieux aux bons, aux modestes religieux, nous nous dirigeâmes enfin avec notre escorte vers
le village de Saint-Jérémie, renommé par sa fontaine et
par sa vieille église, qui remonte aux croisades. En traversant la vallée de *Térébinthe* ou du *Chêne*, vallée qui
n'est distante de Jérusalem que d'une lieue environ, et
qui passe pour l'une des plus riantes de la Judée, nos
yeux étaient encore mouillés de larmes. Cette vallée reposait dans un affreux silence ; on eût dit un sépulcre ou-
vert. La nature y paraît si bouleversée, qu'on croirait que

la vengeance divine n'est pas accomplie. « Coupez vos cheveux, filles de Sion, et jetez-les ; poussez vos cris vers le ciel, parce que le Seigneur a repoussé loin de lui et a abandonné votre peuple, qu'il regarde dans sa fureur. » (Jérémie, VI, 29.)

Nous regrettâmes vivement de ne pouvoir visiter les ruines de Modin, patrie des Machabées, où commença l'insurrection des Juifs contre Antiochus, et où Simon fit ériger un magnifique tombeau à sa famille ; Rama, célèbre · par les menaces du prophète Osée contre Israël et contre Juda : « Sonnez du cor à Gabaa ; faites retentir la trompette de Rama ; poussez des cris et des hurlements à Bethaven ; et vous, Benjamin, sachez que l'ennemi est derrière vous ; » ainsi que par un passage de Jérémie, et que saint Matthieu rappelle, lorsqu'il raconte le massacre des enfants de Béthléem.

Mais avant d'atteindre les villages d'*Amoat*, de *Latroum* et de *Deriou*, où des cavaliers arabes vous font payer un tribut, vous entrez dans une vallée fort étroite, appelée *Ouad-Ali*, semée de précipices et de roches stériles. Les sommets et les pentes sont couverts d'arbustes et de plantes verdoyantes, mais sans fontaines et sans cascades. Les Arabes se tiennent souvent embusqués dans des cavernes pour attendre les caravanes et les dépouiller. L'aspect de ces chemins et des montagnes qui les environnent attriste le voyageur et lui rappelle cette prophétie qui ne s'est que trop bien vérifiée : *Même l'étranger qui viendra de loin sera étonné des misères répandues sur ce pays.*

La plaine de Sarons, située entre l'ancienne Joppé et

Césarée, est renommée pour ses fleurs. « La variété de leurs couleurs, dit le père Néret, forme un agréable parterre. »

M. de Chateaubriand en fait une description poétique et suave comme les parfums qu'elles répandent de tous côtés. « Les fleurs qui tapissent, au printemps, cette campagne célèbre, sont les roses blanches et roses, le narcisse, l'anémone, les lis blancs et jaunes, les giroflées et une espèce d'immortelle très-odorante. »

Césarée, dont je viens de parler, autrefois *Tour de Straton*, fut ainsi nommée par Hérode le Grand, qui l'augmenta considérablement. Cette ville maritime était située entre Dor et Apollonie. Saint Louis en fit rebâtir les remparts.

Nous arrivâmes à Ramla par une route fort agréable. On y voit encore les restes de quelques tombeaux des croisés. Ce fut là qu'au temps de Baudouin Ier, roi de Jérusalem, périrent, les armes à la main, un duc de Bourgogne et un comte de Blois ; où Baudouin lui-même ne put échapper à ses ennemis que par un miracle. Quoique située au milieu d'un pays fertile, Ramla paraît pauvre et misérable. Sa population est de trois mille âmes : un tiers de Grecs et d'Arméniens, sept à huit familles catholiques, un très-petit nombre de Juifs. A l'époque du passage de l'armée française en Syrie, le couvent latin devint le bivouac de l'état-major de Bonaparte, et l'église de Ramla fut changée en hôpital pour les blessés. Des soldats morts à Ramla furent ensevelis parmi les vieux sépulcres des chevaliers de la croix.

Rien n'est plus agréable que les jardins et la forêt d'orangers qui avoisinent Jaffa. Des deux côtés de la route la culture paraît très-soignée, et le sol brille d'un luxe de végétation très-rare dans l'intérieur du pays.

Mais l'aspect de cette ville, que la mer baigne au couchant, et dont les remparts, du côté du nord, sont blancs de fleurs d'oranger, frappe d'admiration à quelque distance. On revient bientôt de cet étonnement après avoir passé sous une porte magnifique. L'ancienne Joppé, bâtie en amphithéâtre sur la pente d'une côte élevée, est triste et dégoûtante. Cependant on contemple avec plaisir, de distance en distance, des fontaines turques, en mosaïque de marbre, avec des tasses attachées à des chaînes ; puis de blancs minarets, des terrasses crénelées, des balcons en ogives moresques. Le port de Jaffa n'est connu que par des naufrages. Pourtant l'Écriture fait mention en plusieurs endroits de la belle Joppé. C'est à ce promontoire que, selon la Fable, Andromède fut attachée.

Cette ville, si souvent nommée dans l'histoire des croisades, fut nombre de fois prise et reprise par les Francs et par les Sarrasins. Ce fut sous ses murs que Richard Cœur de lion combattit seul une armée musulmane. Saint Louis en fit réparer les fortifications, ruinées par Saladin. La reine, femme du pieux monarque, y accoucha d'une fille nommée Blanche. Le saint roi reçut dans la même ville la triste nouvelle de la mort de sa mère. Les Français, commandés par Bonaparte, la prirent d'assaut en 1799. Tout le monde connaît l'admirable tableau des *Pestiférés de Jaffa*, par Gros. La gloire de l'artiste se trouve associée à celle de Napoléon dans cette œuvre immortelle. Je ne parle pas de ce puits dont on prétendit que Bonaparte avait empoisonné les eaux pour achever les soldats atteints de la peste. Les habitants eux-mêmes ont fait justice de cette infâme calomnie. Je parcourus avec un mélange d'orgueil et de profonde tristesse le champ où furent ensevelies les nombreuses victimes de la contagion.

Jaffa fut prise et détruite par les Romains, et, long-temps avant cette époque reculée, le prophète Jonas, effrayé des ordres du Seigneur, s'embarqua dans ce port pour Tharse. On sait comment il fut puni et quelles terribles paroles il prononça : « Encore quarante jours, et Ninive sera détruite. »

Les Arabes prononcent Yâfa. On croit que, dans l'origine, le nom de cette ville signifiait *beauté et grâce*.

La position géographique de Jaffa lui ouvrait autrefois un commerce très-étendu avec les côtes et les îles de la Méditerranée. Sous un gouvernement actif, cette ville peut encore devenir un entrepôt pour les manufactures de l'Europe, le blé de l'Égypte, les pierres précieuses et les épices de l'Inde.

M. de Chateaubriand rapporte qu'ayant fait aux environs de Jaffa un trou dans le sable, il retira sa main pleine d'une eau pure. L'exactitude scrupuleuse de cet auteur ne laisse aucun doute sur ce fait, qui s'explique d'une manière très-satisfaisante par la filtration. Cette pratique est commune sur la côte de Barbarie ; c'est le seul moyen de se procurer de l'eau fraîche. César connaissait ce procédé ; en effet, lorsqu'il fut assiégé dans Alexandrie, il rendit inutiles, grâce à plusieurs puisards creusés sur la côte, les grands travaux faits par l'ennemi

dans le but de détourner l'eau de la mer des murs de la
ville, et sauva ainsi son armée du plus affreux désespoir.

De Jaffa, nous fîmes voile pour Damiette. En passant
devant Ascalon, je me rappelai une prophétie de Jérémie
contre cette ville :

« O épée du Seigneur, ne te reposeras-tu jamais ?
Rentre dans ton fourreau, refroidis-toi et ne frappe plus.

« Comment se reposerait-elle, puisque le Seigneur lui
a commandé d'attaquer Ascalon et tout le pays sur la
côte de la mer ? »

On pourrait entrer également en Judée par cette petite
ville, dont Judas Machabée fit autrefois la conquête. Elle
est très-voisine de la mer. Sous la domination des Juifs,
elle égalait la fameuse Gaza ; mais aujourd'hui ce n'est
plus qu'un amas de ruines, précieuses, il est vrai, et provenant surtout du palais d'Hérode, surnommé *l'Ascalo-
nite* ; elle donna naissance à ce prince, qui se plut à l'embellir. A quelque distance de la ville était son port, nommé
en syrien *Maïmna Ascalonis*, ou amas d'eau d'Ascalon. Le
temps a épargné une citerne très-profonde, dans laquelle
on peut descendre, même avec un cheval, jusqu'au fond,
par un chemin voûté qui règne tout autour. On en fait re-
monter l'origine au temps d'Abraham. Ascalon fut prise
par Baudouin III et Baudouin IV, dans le XIIe siècle. Ce
dernier, précédé de la sainte croix, avec quatre mille
hommes seulement, attaqua et repoussa vingt-six mille
cavaliers de l'armée de Saladin. L'instrument de notre
salut, au dire des chroniqueurs, paraissait s'élever jusqu'au ciel et couvrir de son ombre tout l'horizon.

« Les croisés, dit M. Michaud, en arrivant devant Ascalon, n'y trouvèrent qu'un amas de pierres. Saladin en
avait ordonné la destruction, après avoir consulté les
imans et les cadis. Il avait de ses propres mains travaillé
à renverser les tours et les remparts. Un auteur arabe,
déplorant la chute d'Ascalon, nous apprend que le sultan
lui-même s'assit et pleura sur les ruines de l'*épouse de
Syrie*.

« L'armée réunie s'occupa de rebâtir la ville ; tous les
pèlerins étaient remplis de courage et de zèle. Les prêtres
et les laïques, les chefs et les soldats, même les valets
d'armée, tous travaillaient ensemble, se passaient de main
en main les pierres et les décombres, et Richard Cœur
de lion, qui commandait l'armée, les encourageait, soit
en travaillant avec eux, soit en leur adressant des discours, soit en distribuant de l'argent aux pauvres. Les
croisés, comme on peint les Hébreux construisant le
temple de Jérusalem, tenaient d'une main les instruments
de maçonnerie et de l'autre l'épée. Ils avaient à se défendre des surprises de l'ennemi, et souvent même
quelques-uns d'entre eux faisaient des courses sur le
territoire des Sarrasins. Dans une excursion, Richard délivra douze cents prisonniers chrétiens, et ces captifs
vinrent partager les travaux des croisés. Cependant les
murmures ne tardèrent pas à se faire entendre dans l'armée. Léopold d'Autriche, accusé par le roi d'Angleterre
de rester oisif avec ses Allemands, répondit avec humeur
qu'il n'était ni *charpentier ni maçon*. Plusieurs chevaliers
qu'on occupait ainsi à remuer des pierres s'indignèrent à
la fin contre Richard ; ils dirent hautement qu'ils n'étaient

pas venus en Asie pour rebâtir Ascalon, mais pour conquérir Jérusalem. Le duc de Bourgogne quitta brusquement l'armée ; la plupart des croisés français ne tardèrent
pas à le suivre. Et, pour comble de malheur, les que-
relles qui avaient si longtemps agité l'armée chrétienne
se renouvelèrent. »

Le territoire des Philistins était partagé en cinq dis-
tricts, dont Geth formait la limite septentrionale, et Gaza
la frontière méridionale. Les places intermédiaires étaient
Ekron, Ashdot ou Azot, et Ascalon.

Nous aurions bien voulu visiter Gaza, aujourd'hui
*Ghazzah*, l'une des plus fortes villes des Philistins, où
Dagon avait un temple. Cette ville est à une demi-lieue
environ de la côte, et à cinq ou six lieues d'Ascalon. On
prétend que Cambyse, allant faire la guerre à l'Égypte,
déposa dans cette ville sa caisse militaire et toutes les
choses dont il avait besoin pour son expédition. Elle se
trouvait comprise dans l'étendue de ses États, puisqu'il
est dit dans le vingt-quatrième verset du chapitre IV du
IIIe livre des *Rois*, que ce prince dominait sur tous les
pays qui étaient en deçà du fleuve d'Euphrate, depuis
Thapsaque jusqu'à Gaza.

Cette antique cité a soutenu plusieurs siéges mémo-
rables. Quinte-Curce nous apprend qu'Alexandre le Grand,
auquel elle avait refusé le passage, resta deux mois devant ses murs, qu'il y fut blessé deux fois, et qu'étant enfin parvenu à s'en rendre maître, il fit tuer un grand
nombre d'habitants et vendit le reste.

Après la mort d'Alexandre, Gaza demeura au pouvoir
des rois d'Égypte, puis des rois de Syrie, qui la prirent

sous Antiochus le Grand, l'an 219 avant Jésus-Christ.
Sous Simon Machabée, souverain pontife, grand chef et
prince des Juifs, elle fut investie et prise. Ce prince n'en
extermina point les habitants; il les chassa seulement
hors de la ville et purifia les maisons qui étaient remplies
d'idoles.

Gaza fut une des villes qu'Auguste, l'an 30 avant Jésus-
Christ, donna à Hérode. Après la mort de ce prince, il la
rendit à la Syrie.

A six kilomètres au nord-ouest de Gaza, était située la
ville de Geth, nommée longtemps après *Iotapata*. Elle est
célèbre par la retraite qu'Achis, son roi, offrit à David,
qui fuyait les persécutions de Saül. Ce fut aussi dans cette
ville que naquit le géant Goliath.

Gaza, exposée si souvent aux ravages de la guerre, n'a
pu conserver que bien peu de débris de son antique
splendeur. Les auteurs des *Actes des Apôtres* (VIII, 26) en
parlent comme d'une ville encore déserte. Ces superbes
colonnes de marbre dénombrées par divers écrivains ont
tout à fait disparu. Les sépulcres mêmes ont été détruits
avec les dépouilles qui leur étaient confiées.

On voit à l'orient une vallée étroite, et derrière, mais
plus au nord, une hauteur considérable, que l'on croit
être la montagne « en avant d'Hébron, » où Samson déposa les portes de la ville.

Ce passage de l'Écriture rappelle cette ville de la tribu
de Juda, où naquit saint Jean-Baptiste. Hébron était voisine de la caverne double où furent ensevelis Abraham et
Sara, Isaac et Rébecca, Jacob et Lia. Absalon s'y fit proclamer roi du vivant de David. Les géants descendants

d'Énac habitaient Hébron. Elle est située à cinq lieues de Gaza et presque à sept de la terre promise.

Ceux qui voyagent à pied, de Gaza se rendent à El-Arich, qui n'est qu'un amas de misérables cabanes, à un mille de la mer. Lors de l'expédition d'Égypte, on avait fortifié cette bourgade ; mais les Français s'en emparèrent facilement. Bonaparte y laissa une faible garnison, que les Turcs attaquèrent vainement et à diverses reprises. Les habitants n'ont pas encore oublié la glorieuse résistance de nos soldats.

Ce fut avec une grande joie que nous débarquâmes à Damiette, ancienne et célèbre ville, sur la rive occidentale de la seconde embouchure du Nil, à un mille de la mer, avec un port et un évêché cophte, suffragant d'Alexandrie. Elle offre une supériorité remarquable sur toutes les villes que nous venions de visiter. Les rues sont plus propres, plus régulières ; les maisons plus spacieuses, plus belles ; les avenues plus larges et plus commodes. Cependant, malgré la fertilité du sol, qui donne trois et souvent quatre récoltes, le peuple y paraît plongé dans l'ignorance et la misère. Damiette rappelle de tristes et glorieux souvenirs pour la France. Au commencement du XIe siècle, toute l'Europe fut alarmée par l'opinion que la fin du monde était proche, ce qui détermina une foule innombrable de personnes de tous les rangs à se rendre en Palestine. Cependant les revers essuyés par les armées chrétiennes avaient diminué l'enthousiasme. Saint Louis, au sortir d'une maladie mortelle, déclara qu'il était résolu d'entreprendre la délivrance des saints lieux. Nulle observation ne put lui faire changer d'avis. Ce projet en-

flamma les esprits, et l'Europe se précipita encore une
fois sur l'Asie.

Le vendredi 12 juin 1248, saint Louis, accompagné de
son frère Robert, comte d'Artois, et de Charles, comte
d'Anjou, se rendit à Saint-Denis, où l'oriflamme fut dé-
ployée. Le 15 août suivant, il s'embarqua à Aigues-Mortes,
qui alors était un port sur la Méditerranée. Sa flotte, bat-
tue par la tempête, parut enfin devant Damiette. Là, ses
lieutenants lui conseillèrent d'attendre le reste des vaisseaux que l'orage avait dispersés. Mais Louis, n'écoutant
que son zèle et sa vaillance, voulant aussi profiter de
l'ardeur que témoignaient ses soldats, persista dans le
dessein de débarquer sur-le-champ, malgré la puissante
armée que le sultan Maleck-Saleh, de la race des Ayou-
bites, avait fait ranger en bataille sur le rivage. Ayant
réuni les chefs sous ses ordres, il leur parla en ces
termes :

« Abordons hardiment, quelle que soit la résistance de
nos ennemis. Ne considérez point ici ma personne. Je ne
suis qu'un simple mortel, dont Dieu, quand il lui plaira,
emportera la vie, d'un souffle, comme celle d'un autre.
Tout nous est favorable. Si nous succombons, nous
sommes martyrs ; si nous triomphons, Dieu en sera glo-
rifié, et la réputation de la France et de toute la chrétienté en deviendra plus éclatante. »

Louis était alors dans sa trente-quatrième année, et
d'une taille si avantageuse, qu'il paraissait au-dessus de
tous ceux qui l'entouraient ; le premier, il sauta tout ar-
mé dans la mer et gagna le rivage, bien qu'il eût de l'eau
jusqu'aux épaules, et qu'un grand nombre d'ennemis l'at-

tendissent de pied ferme, en obscurcissant l'air de leurs
flèches. L'armée chrétienne, enflammée par l'exemple de
l'intrépide guerrier, marcha sur ses traces et tailla en
pièces tous ceux qui voulurent l'arrêter. Damiette fut
abandonnée pendant la nuit. Le lendemain, les chrétiens
en prirent possession. Le légat, le patriarche de Jérusalem, les évêques présents, saint Louis, suivi de ses principaux officiers, y entrèrent processionnellement, pieds
nus, en présence du roi de Chypre et d'une foule de seigneurs. Le légat commença par purifier la mosquée, où il
célébra une messe solennelle.

Le sultan, qui était alors sur le point de mourir, effrayé
d'un succès aussi rapide, offrit au roi de rendre le
royaume de Jérusalem, de lui laisser Damiette et de payer
tous les frais de la guerre. Louis refusa ces conditions ; ce
qui le perdit. Il s'avança tout de suite vers le Caire ; les
Sarrasins lui opposèrent, mais en vain, une vigoureuse
résistance. Dans ce combat, sa vie fut souvent en danger ;
toutefois, cette victoire lui fit répandre des larmes
amères : son frère le comte d'Artois resta sur le champ
de bataille. Une heure après, Louis, ayant traversé
l'Aschmoum avec toute son armée, s'avança vers Mansourah ; mais, arrêté dans sa marche par l'armée de
Bibars-Bondachar, successeur de Fakhr-Eddin, il accepta
le combat, qui se prolongea jusqu'à la nuit. Cependant
l'avantage resta de son côté. On conseilla au roi de retourner à Damiette ; malheureusement ce conseil, dicté
par la prudence, lui parut peu digne du courage que toute
l'armée avait montré : il resta dans son camp. Sur ces entrefaites, Almoadan arriva en Égypte pour monter sur le

trône de son père. Il fut reçu au milieu des acclamations
du peuple et des émirs. De leur côté, les chrétiens étaient
plongés dans une morne tristesse ; car des fléaux plus
redoutables que la puissance et les armes des musulmans
venaient de fondre sur eux : la peste, la dyssenterie, les
fièvres et la famine. Alors le roi proposa une trêve aux
musulmans ; mais Almoadan ayant exigé que Louis se
remît dans ses mains comme garant du traité, on suspen-
dit toute négociation, et le roi résolut de passer de l'autre
côté de l'Aschmoum. Celui qui avait répondu au sultan,
qui lui offrait de fixer un jour pour livrer bataille : *Fixer
un jour, ce serait excepter tous les autres ; demain, aujour-
d'hui, à l'instant même*, apprit aux musulmans à quel ennemi ils avaient affaire. Aussi Almoadan préféra laisser
l'armée française se détruire par la famine et les maladies, plutôt que de l'attaquer. Il cerna le camp et rompit
toute communication entre les croisés et Damiette. Dans
cette affreuse circonstance, les vertus du roi brillèrent
d'un nouveau lustre : il soignait les malades, bravait les
exhalaisons pestilentielles, et les infortunés soldats récla-
maient comme une grâce de mourir entre ses bras. Enfin
on battit en retraite. Pendant que les chrétiens passaient
le pont de bois jeté sur le canal, ils furent vivement atta-
qués par les musulmans ; mais le comte d'Anjou les tint
en respect. L'armée française se mit en marche, divisée
en deux parties, dont l'une allait par terre, et l'autre,
composée des malades, s'était embarquée sur le Nil. On
suppliait le roi, placé à l'arrière-garde avec Sargines, son
intime ami, d'accompagner le légat, qui montait un des
vaisseaux. « Je ne puis me résoudre, répondit-il, à quit-

ter tant de chevaliers qui ont exposé leur vie pour le service de Dieu et pour le mien. Je veux ou les ramener avec moi, ou mourir prisonnier. »

Le roi avait ordonné de rompre le pont de l'Aschmoum; mais on n'en fit rien, et les Sarrasins, ayant par ce moyen facilement franchi le seul obstacle qui les séparait des croisés, les harcelèrent dans leur lente et pénible retraite jusqu'au bourg de Minich, où Louis tomba au pouvoir de ses ennemis, malgré les efforts prolongés de l'intrépide et fidèle Gaucher de Châtillon. En même temps une partie de l'armée fut égorgée, et l'oriflamme, les drapeaux, les bagages, tout devint la proie des vainqueurs.

Les croisés embarqués sur le Nil n'eurent pas meilleur sort. Toute la flotte, à l'exception du vaisseau qui portait le légat, périt ou fut prise par les musulmans, qui massacrèrent tous ceux qu'ils trouvèrent avec les marques de la pauvreté. Dans ces jours de désastre, plus de trente mille chrétiens perdirent la vie, tués sur le champ de bataille, noyés dans le Nil ou massacrés après le combat. Il ne resta que trois chevaliers du Temple, quatre de l'Hôpital et trois de l'ordre Teutonique; encore ces trois derniers étaient blessés. Les musulmans n'éprouvèrent qu'une perte de cent hommes.

Louis parut encore plus grand dans les fers que sur le trône. Les Sarrasins eux-mêmes admirèrent sa vertu. Ils lui demandèrent une somme énorme pour sa rançon et pour celle de son armée. *Un roi de France*, répondit-il, *n'achète point sa délivrance avec de l'argent; je rendrai Damiette et je paierai celle de mes chevaliers.* Ces nobles paroles étonnèrent les Sarrasins, qui lui dirent: *Nous te regardions comme notre captif et notre esclave, et tu nous traites comme si nous étions tes prisonniers.* Cependant il fut souvent menacé de perdre la vie dans les plus affreux tourments. Il opposa toujours une grande résignation aux menaces de ses ennemis et ne voulut point augmenter le prix de la rançon.

Pendant la captivité du roi, Marguerite, sa femme, renfermée à Damiette, accoucha d'un enfant qu'elle appela Jean Tristan, à cause des circonstances malheureuses au milieu desquelles il naissait. La même reine, ayant appris que les Génois, les Pisans et plusieurs croisés des villes maritimes de l'Europe, avaient manifesté l'intention de quitter Damiette, parvint à déjouer ce projet funeste, en les prenant à la solde du roi, et sut, par ce moyen, conserver à la ville une garnison qui la fit respecter des Sarrasins.

Sur ces entrefaites, les émirs mamelouks, mécontents du jeune sultan, le massacrèrent. L'un d'entre eux, tenant dans sa main le cœur tout sanglant de ce prince infortuné, vint trouver le roi et lui dit : « Que me donneras-tu pour avoir tué ton ennemi, qui t'eût fait mourir, s'il avait vécu ? » « A quelle demande ne lui respondit oncque le bon roy saint Loÿs, » raconte Joinville. Les émirs s'emparèrent du gouvernement de l'Égypte et acceptèrent les conditions que le roi avait proposées. Après avoir rempli ses promesses, il put s'embarquer avec les débris de son armée et se retirer dans la Palestine, où il demeura jusqu'en 1254, sans avoir obtenu la délivrance de onze mille six cents prisonniers, qui, pour la plupart, furent égorgés ou renièrent leur foi. Mais la reine Blanche, ré-

gente du royaume, étant morte, Louis revint en France
et répara les maux que son absence avait causés.

Le lendemain, nous frétâmes une barque qui nous
transporta en cinq jours au port de Boulac, qui n'est éloigné que d'environ deux milles du centre du Grand-Caire.
Une promenade sur le Nil est très-agréable. Des deux
rives, le pays ne présente qu'une surface plane qui s'étend
jusqu'à l'horizon. La monotonie de la perspective est ra-
chetée par l'aspect animé d'un grand nombre de riches
bâtiments qui voguent sur le canal, et par les arbustes
d'espèces infinies qui couvrent les bords du fleuve majestueux. Le premier endroit considérable que l'on rencontre, c'est *Faresguri*, dont les minarets qui s'élèvent
du milieu des dattiers, les autres monuments baignés par
les eaux du Nil, les baraques même, offrent un coup d'œil
agréable ; mais l'intérieur de la ville est encore défiguré
par tous ces symptômes de désordre que le despotisme a,
depuis tant de siècles, accumulés sur cette malheureuse
partie du globe. Les efforts généreux du vice-roi ne par-
viendront jamais à faire disparaître les traces honteuses
de la domination turque.

Le courant étant devenu trop fort, à cause du vent,
nous amarrâmes près d'un petit village, sur la rive gauche,
où nous passâmes la nuit, cruellement tourmentés par les
moustiques et par d'autres insectes non moins insupportables.

Le lendemain, dès l'aurore, nous remîmes à la voile.
Ayant atteint un endroit où le courant, se partageant en
deux branches, forme une petite île, nous remarquâmes
que les villes et les villages se multipliaient sur les deux

rives. Une épaisse verdure couvre le sol, et l'on voit de nombreux troupeaux paître le long du fleuve. Pendant la chaleur du jour, les buffles qui ne sont pas employés au labourage restent dans l'eau, plongés jusqu'à la tête.

La Massoure (Mansourah), dont j'ai parlé, se trouve entre Damiette et le Caire, à une égale distance de ces deux villes. La Massoure a de beaux édifices et paraît assez bien bâtie. Du bord opposé, et même du milieu du fleuve, elle offre une grande illusion d'optique, comme la plupart des villes d'Orient, dont il ne faudrait jamais examiner l'intérieur. Ce village, moins misérable que les autres, est entouré d'un bois de palmiers.

Nous continuâmes à voguer jusqu'au coucher du soleil, et, le calme étant survenu, comme de coutume, nous nous reposâmes près d'un amas de cabanes. Le lendemain, nous remîmes à la voile. Au nombre de quelques incidents peu dignes d'être rapportés, je compte, sans employer l'hyperbole, les alertes que nous donnèrent les incursions fréquentes des rats, qui bravaient nos efforts réunis. Cette engeance importune était non moins formidable que nombreuse. Les anciens naturalistes nomment *ichneumon* cette espèce de rat, dont la grosseur égale presque celle d'un chat ordinaire.

Enfin, nous atteignîmes un endroit appelé *Kafril-Chemée* ou *Kafra-Kanié*. Le fleuve forme un coude en ce lieu, d'où nous aperçûmes deux des pyramides qui inspirèrent au général Bonaparte cette vibrante et sublime allocution: « Soldats, songez que du haut de ces monuments quarante siècles vous contemplent. »

Non loin de Kafra-Kanié est la branche du Nil qui conduit à Rosette. Au lieu d'une plaine sans fin, un horizon plus brillant se déploie maintenant devant nous; au midi, nos regards surpris ne peuvent se détacher de dessus les montagnes lointaines qui s'étendent en demi-cercle de l'orient à l'occident. Nous avions à gauche le palais de Choubia, entouré de bois de mûriers, de platanes et de sycomores. Boulac se dessinait plus loin à travers les mâts et les voiles des canges amarrés au rivage. Délivrés des formalités de la douane, nous nous dirigeâmes gaîment, montés sur des ânes sellés, bridés et courant trotte-menu, vers la ville des *Mille et une Nuits*, qui se déploie avec ses tours comme un croissant et montre, à l'extrémité d'une plaine magnifique, la variété infinie de toutes les formes fantastiques de l'architecture orientale.

Au souvenir de cette terre de prodiges que nous venions de parcourir, nous remerciâmes le Tout-Puissant de la protection qu'il nous avait accordée, et nous adorâmes avec humilité le Sauveur des hommes, ainsi que la vierge Marie, qui, du haut des cieux, n'avait cessé de veiller sur nous.

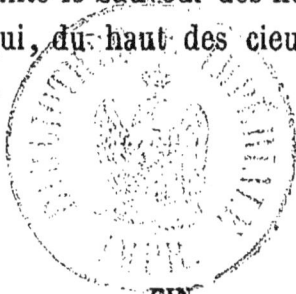

**FIN.**

# TABLE.

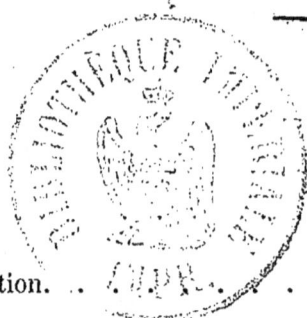

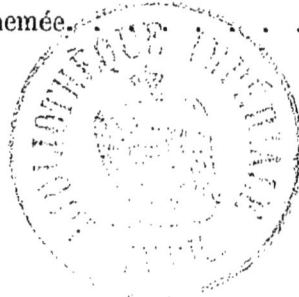

FIN DE LA TABLE.

ROUEN. — Imp. MÉGARD et Cᵉ, rue Saint-Hilaire, 136.

www.ingramcontent.com/pod-product-compliance
Lightning Source LLC
Chambersburg PA
CBHW070406090426
42733CB00009B/1556